新装版

現代語訳　親鸞全集　3

宗義・註釈

真継伸彦

法藏館

本書は、昭和五七（一九八二）年刊行の『現代語訳親鸞全集3宗義・註釈』第一刷をオンデマンド印刷で再刊したものである。

再刊にあたって、今日の人権意識に照らして好ましくない表現が見られますが、原文の時代背景や著者が差別を助長する意図で使用していないこと、著者が故人となっていることなどを考慮し原文のままといたしました。

親鸞晩年の著述と私

親鸞について、私は七年ばかり前にまとまった研究を一冊出しております（朝日評伝選書『親鸞』）。それ以前にも、以後にも小さな論文や随想はかなりの数書いております。『新しい宗教を求めて』という本の一節にも、親鸞にふれたところがありますが、私は同じことを重複して書いたおぼえはありません。書き手にとって、それは一番おもしろくない仕事ですし、どんな小さな文章を書くにあたっても、何か新しい発見がないと、なかなか書きたい意欲は起こらないものです。反対から言えば、読みなおすにつれて新しい発見があり、あらためて何か書いてみたくなる、そういう意欲を起こさせる作品が、思想書でも文学書でも、古典的な作品といわれるものだと思います。

私は実は、大学ではドイツ文学を勉強しておりました。第五巻のまえがきにも書いたことですが、親鸞思想ないし仏教に切実な関心をよせたのは卒業後のことです。主任教授は大山定一という、ゲーテやリルケの研究で有名な先生でしたが、七十歳で亡くなられる少し前に自宅へ伺ったときに、こんな話をしてくれました。先生は当時すでにガンにおかされていて、あまり仕事もしておられず、主としてゲーテの晩年の詩を翻訳しておられたのですが、「ぼくは七十になって、ようやくゲーテの七十代の詩がわかるようになってきた」とおっしゃったのです。文学とはそういうものであると、私も聞いていて納得できました。たとえばゲーテの『ファウスト』は、ゲーテが二十代から六十年かかって書き上げたものです。ですから若い読者にも、まことによくわかる所があります。しかし自分が年をとって、経験をつんで始めてわかってくる所も非常に多いのです。同じ文章の味わいが、読む者の人生経験が深まるにつれて変わってくることもあります。万学に通じ、またワイマール公国の宰相までも務めたり、七十代にいたってもなお新たな恋愛を繰り返していたゲーテの作品は、まさにそういう古典的な作品でしょう。

私にとっての親鸞も、まさにそういう意味で古典的な思想家です。この巻に収めた『教行信証』以外の小さな著述は、親鸞の思想ないしは信心の、骨髄だけをさらけだしているという観があります。それだけに、はじめて親鸞に接する読者にとっては、かなり読みづらいものとなっております。しかし、自分自身がさまざまな経験をつみ、辛酸を味わうことによって、はじめて深い意味がわかってくる所が多いと思います。

私自身のことを言えば、先の『親鸞』を出版した当時に、もっとも強くせまってきた著述は、「尊号真像銘文」でした。私はこの著述によって、親鸞の信心の合理性が、はじめてよくわかったという気がしたのです。

思いあたったのは、この著述に頻繁に用いられている「みのり」とか「教勅」とかいう言葉です。すなわち親鸞にとっては、信じるということは、阿弥陀様の「私の本願を信じて〃南無阿弥陀仏〃ととなえなさい」という言葉を、勅命として拝受し、絶対服従することでしかなかったのです。しかなかったというのは、語弊がある言葉かもしれません。私は親鸞の信心獲得に、何の神秘的な要素も含まれていなかったということを言いたいのです。べつの言い方をすれば、親鸞は霊能者ではなかったのです。並はずれた霊験をえて、神仏と直接出会った上で信仰者となったわけではないのです。親鸞にとって、弥陀の本願は勅命でありました。親鸞は「尊号真像銘文」の第一条で、本願の中の「欲生我国《よくしょうがこく》」という言葉を、「浄土に生まれようと願え」と、阿弥陀様の勅命として訳しております。この一事にも、親鸞の信仰の成立の姿が明瞭にうかがわれます。親鸞はこの勅命にしたがって、浄土に生まれようと願ったのです。ただそれだけのことです。

親鸞は、ひょっとしたら霊能者であったかもしれません。今日でも霊能を自称する宗教家は無数にいます。仏教的霊能者は、観世音菩薩や不動明王などと感応できると自称します。そういう特別の恩寵（カリスマ）を身にそなえた人が東洋でも西洋でも、聖《ひじり》であったり聖人であったりするわけです。人間のあいだに、聖と俗との区別が成立する根拠にもなっているわけです。文献上は何の確証もないのですが、一時期の親鸞もひょっとしたら、そういう霊能者であったかもしれないと私も思うのです。一般に平安期の念仏聖は、特殊な霊能者であるとされていて、そういう人間でないと、念仏をとなえても功徳がないとされていたのですから。

しかしながら弥陀の本願は、そういう霊能者だけを浄土に収めとろうとする誓願ではないのです。本願は、聖と俗とを差別しないのです。ですから親鸞は、たとえ自分が特殊な霊能者であったとしても、弥陀の本願に帰依したときには、おのれの霊能をも、迷妄であると否定したにちがいないと私は思います。弥陀の本願の拝受とは、まったくの正気の、常識的な出来事であり、だれにでもできることなのです。

私は七年前に「尊号真像銘文」を読んで、ようやくそのことに思いあたりました。門徒の皆さんにとってはあたりまえの事かもしれませんが、門外漢である私は、四十代にいたってはじめて、親鸞にとってのこの自明の信仰体験に思いいたったのでした。その「尊号真像銘文」をもふくめて、私が親鸞の晩年の著述を逐語訳したのは、今度がはじめてです。私はこのたびは、「愚禿鈔」にもっとも興味をおぼえました。

「愚禿鈔」は難解きわまりないものです。理由はと言えば、これは親鸞の研究ノートないしはメモにすぎないからです。もっと大きな著作に肉付けされるはずのものの、まったくの骨組みだけしか認《したた》められていないからです。ここに記《しる》されている「前念命終後《ぜんねんみょうじゅうご》念即生《ねんそくしょう》」という有名な言葉も、いわば裸のまま投げ出されているのであって、親鸞自身の定義がそえられておりません。ですからどうにでも解釈できるものであり、あいまいであり、難解であるということになるのです。

「愚禿鈔」は上下の二巻に分かたれていて、それぞれの巻頭に、

賢者が信を聞いて愚禿の心を顕わす。
賢者の信は内は賢にして外は愚なり。
愚禿が心は内は愚にして外は賢なり。

という有名な言葉が、重複して記載されております。有名であり、そしてやはり親鸞自身の解説がないので、難解な言葉でもあります。親鸞が二度繰り返している以上は、重要な文章であることにも間違いありません。

私がはじめてこの言葉に出会ったのは、中学生の時でした。次兄が『三木清全集』を買いまして、その最後の巻に、三木清が獄中でおこなった親鸞研究が入っておりました。それにこの言葉が引用されていて、私も幼いながらに、この逆説的な表現に興味をそそられたのです。

三木清をもふくめて一般の研究者は、ここにある賢者を法然と解釈しているようです。

法然というひとは、第五巻のまえがきにも書きましたが、智恵第一の大学匠であり、持戒堅固の清僧でもありました。つまり内は賢であったわけです。しかし法然は外にたいしては、愚痴無知の悪人をこそ往生浄土せしめたもうのが弥陀の本願であると説いていたのです。法然はまた遺言状にあたる「一枚起請文」にも、「念仏行者は愚者となりて往生すべし」という有名な言葉をしたためております。すなわちこの「よきひと」には、内なる、賢なるおのれを否定して、愚者となって生き抜いたと言える一面があるのです。実際、法然は数珠を繰ったり、一升枡に小豆を一粒ずつ入れたりして勘定しながら、毎日七万遍ずつ念仏をとなえていたといいます。これを外側から見れば、まったく阿呆らしい、阿呆と同じ姿ではありませんか。愚直な姿とも言えるではありませんか。

親鸞は、我が師法然と対比して、自分は内は愚であり、外は賢であると言っているのです。

こちらの言葉には、賢者イコール法然といった、定まった解釈がないように私は思います。それも道理であって、親鸞はかねがね、「内に虚仮をいだいている以上は、外にも『賢者・善人・精励者』の姿を現わしてはならぬ」と自他を戒めていたひとです。親鸞はそのように、偽善ということをはなはだしく嫌ったひとです。にもかかわらず「愚禿鈔」では、自分は内は愚であるが、外は賢であると言っているのです。親鸞自身のくわしい説明がない以上は、読者が解釈に迷うのは無理もありません。

ところで私はこのたび逐語訳をこころみて、はじめて「外は賢」の意味がわかった気がしたのでした。わかってみれば何でもないことかもしれませんが、親鸞は下巻の終わりのほうで、弥陀の本願を拝受した者にとっての、内と外の独自の意味づけをしております。「内外対《ないげたい》」と言われるもので、「内外道・外仏教、内聖道・外浄土、内疑情・外信心、内悪性・外善性」などという対比が続いていて、その十番目に、「内愚・外賢」とちゃんと書かれているのです。

第五巻のまえがきでも述べたことですが、浄土教の信心は唐の善導いらい、二種類から成り立っています。一つには、自分が何としても救われがたい愚痴無知の悪人であると、深く固く信じることなのです（機の深信《じんしん》）。「内は愚」というのは、第一にこの意味です。そのおのれを、外側から照らし出しているのは、弥陀の智恵の光明なのです。本願を信受した親鸞にとっての外とは、つねに阿弥陀様のことであったのです。愚痴無知の悪人をこそ往生浄土せしめたもう、測り知られざる大智大悲が賢なるものであったのです。そのように深く固く信じるのが「法の深信」です。

よく言われるように、親鸞はこの「内外対」で、自分はついに偽善者でしかないと、懺悔しているのであると私も思います。私はしかしこの「悲歎述懐」に、単なる悲しみや絶望だけを読みとらないのです。人間はたとえ弥陀のまごころのこもる念仏をいただいて称えたところで、内は何時までたっても、疑情の持主であり、外道であり、愚者であり悪人であり偽善者でしかないでしょう。しかし自分がついに偽善者であることを思い知らされるその善とは、批評の鏡とは、親鸞にとっては、人間には測り知られざる、阿弥陀様の完全無欠の善なのです。親鸞は絶対の善、人の世を超えた慈悲と出会っているのです。この出会いを「機法一如《きほういちにょ》」と言うのですが、そこに喜びのないはずはありません。

論理的に説明すれば、ただ単にそれだけのことでしかありません。私はしかし前著『親鸞』を出版して七年後に、ようやく始めて、親鸞においてはまったく単純明快であったこの一事に思いあたったのでした。

現代語訳親鸞全集　第三巻

目次

凡　例

一、底本には金子大栄編『原典校註真宗聖典』（法蔵館刊）を用いた。

一、煩瑣な註は避け、できるだけ平明な文章にして、現代人に読みやすいように努めた。

一、註を要する語句には＊を付し、巻末にその註記を掲げた。註記についても、底本の註を参照した。

一、原文の割註は、〈　〉で示し、原文の重要語句は適宜（　）で残した。また、訳者自身が意味を補う場合にも（　）を用いた。

一、難語句には、適宜ルビを付した。

一、経典等の原典名は、おおむね原文にならったが、すでに本文で明らかな場合は、略称や咢分名を用いた。

一、各編の扉うらの解題については、底本によったが、旧漢字、および旧かなつかいは適宜改めた。

浄土文類聚鈔　じょうどもんるいじゅしょう

愚禿釈の親鸞が集める

「浄土真宗」の精要を略述したもの。『教行信証』を「広文類」と呼ぶのに対して、本鈔を「略文類」と称し、また「略本」「略書」などとも言う。『教行信証』が広く内外の両典にわたって多数の文を引用し、教相と安心との両面にわたって詳説しているのに対して、本鈔はわずか五経・二論・五祖の釈を引くに過ぎず、且つ「化身土巻」に対応する部分がなく、いわば安心に重点をおいて説いている。

本鈔の選述年時について、一般には宗祖が晩年（八十歳或は八十三歳）に『教行信証』を要約して作られたとされているが、体裁や内容から推考して『教行信証』より以前に作られたと見る学者もある。

いかなる者をも照らしたもう阿弥陀仏の、私たちに知られがたい智慧のみ光は、煩悩の苦をほろぼしてくだされ、ほろぼし尽した彼方に永遠の安楽があることを証明してくだされている。

阿弥陀仏というよきみ名の中には、あらゆる仏道修行が十分にそなわっている。いかなる障害をも消し、疑いを除いてくだされている。それゆえに末法の世に生まれて仏道を教わり、修行しようとする者は、もっぱら阿弥陀仏の薦めにしたがい、念仏を修めるべきである。これは悪世界に生まれた者を、悟りの境地へみちびく目であり足であるゆえに、かならず勤めるべきである。何ものにもまさる弥陀の弘大なる誓願を心にいただき、念仏を行じて、煩悩にみちるこの穢土を捨て、浄土を願いたまえ。如来の教勅を保持したてまつって、その恩に報い徳を謝したまえ。この日本に生まれた*愚禿《ぐとく》親鸞はいま、印度・*西蕃《せいばん》の諸師の論説にしたがい、中国・日本の祖師たちのご解釈を仰いで、浄土の真宗の教・行・証を敬い信じる。私はことに、み仏の恩が究め尽しがたいことを知っている。それゆえに、明らかな証拠として、浄土の教えにかんするすぐれた文章を集めて用いる。

真宗の教・行・証のうち、教というのは『大無量寿経』である。この経の大意は、阿弥陀仏があらゆる衆生を救おうとする、世を超えた誓願を起こしたまい、ひろく教の蔵をひらいて、凡夫や小乗*の人びとをあわれみ、「南無阿弥陀仏」という功徳の宝をえらんで施《ほどこ》そうとされた次第を説いている。これはあらゆる衆生を救うために、この世に出でたもうて、仏法の光をひろめられた釈迦如来が、真実の利益を恵もうと思し召して説きたもうた教えである。これはまことに釈迦如来が世に出でて説きたもうたもろもろの教えのうちの、真実の教えであり、稀有にして最もすぐれた妙えなる経典である。すべての者がこれによって悟りをひらき、仏と成ることができる究極の教えであり、あらゆるみ仏が称讃したもう正しい教えでもある。この経の教えの極致は弥陀の本願を説くことにある。それゆえに、本願に薦められてある「南無阿弥陀仏」の名号をもって、この経の中心とするのである。

また行というのは、弥陀が念仏するすべての衆生を浄土に収めとって成仏せしめたもう、大いなる行を言うのである。これは第十七の「あらゆるみ仏に阿弥陀仏をほめたたえせしめたもう願（諸仏咨嗟の願）」より生まれでている。この願は「あらゆるみ仏に南無阿弥陀仏と称えせしめたもう願（諸仏称名の願）」とも、「念仏が浄土へ往くための正しい行為であるとせしめたもう願（往相正業の願）」とも名づけられるものである。ところで弥陀の本願のお力は二種類の相《すがた》がある。一つには*往相《おうそう》、二つには*還相《げんそう》である。第一の往相廻向の、往相については今いった大いなる行（大行）と、浄らかな信（浄信）とがある。大行とは、「南無阿弥陀仏」とみ名を称えることである。称名の行にはすべての仏道修行の功徳が含まれている。それゆえに私たちが念仏すれば、心はきわめて速やかに、すべての功徳に満ちるのである。大行と名づけるのはそのためである。大行であるゆえにまた、称名は生きとし生けるもの（衆生）の一切の無知の闇をよく破り、仏道へのすべての願いをよく満たしたもうのである。称名とはつねに思うこと（憶念）であり、憶念とは念仏であり、念仏とはすなわち南無阿弥陀仏である。

「第十七の願が成就したことを証明する文章」について。『大無量寿経』には次のようにのたまわれている。

全宇宙の無数の仏・如来のすべてが、ともに阿弥陀仏の大いなる力とその功徳の不可思議さを讃嘆したもうて、「あらゆる衆生が、その名号を聞いて信心歓喜し、ひとたび心に思えば*（乃至一念せん）、弥陀は、この名号を心をつくして衆生にさしむけておられる。それゆえにかの浄土に生まれようと願えば、そくざに往生が約束されて、もはや迷いの世界に退転しない。」と仰せられた。

また次のようにのたまわれている。

釈迦如来は弥勒菩薩に次のように仰せられた。「かの阿弥陀仏の名号のいわれを聞くことができて、歓喜踊躍《かんぎゆやく》してひとたび南無阿弥陀仏と称えれば、その人は大いなる利益を得るとされていることを、まさに知るべきである。その人は無上の功徳をそなえたのである。」〈以上〉

*龍樹菩薩の『十住毘婆娑論《じゅうじゅうびばしゃろん》』には次のように説かれている。

もし人がすみやかに往生を得て、もはや退転しない境地を獲得しようと思えば、敬いの心をもって、念仏をつねに保持してとなえるべきである。人がもし善の根を植えたとしても、疑う心があれば花は開かない。信心が清浄である者は、花が開いて仏を見たてまつる。

*天親《てんじん》菩薩の『浄土論』には次のように説かれている。

世尊よ、私は一心に*尽十方無碍光如来《じんじっぽうむげこうにょらい》に*帰命したてまつって、安楽の浄土に生まれようと願います。私は真実の功徳が説かれてある経典にもとづいて、本願をたたえ、歌(偈)をつくり、み仏の教えに応えようとしました。阿弥陀仏の本願のお力を知れば、これに出会ってなおむなしく救いから漏れる者はありません。私たちの心はたちまち功徳

の大宝海に満たされるのです。〈以上〉
　右のような仏の聖なるみ言葉や、論家たちの教えを読んで、私はことに知るのである。南無阿弥陀仏とは、私たち凡夫が阿弥陀仏にむかってする廻向《えこう》の行ではないことを。これは弥陀の大慈悲心が、私たちに差し向けてくだされている廻向の行である。それゆえにこれを「不廻向」と名づけるのである。念仏はまことに、阿弥陀仏おんみずからがおえらびになった、一切の衆生を浄土へ収めとってくだされる本願である。あらゆるものを超えた弘大なる誓願であり、すべての者が悟りうる真にして妙えなる唯一の正しい教えであり、あらゆる善に満ち満ちている勝れた行である。
『大無量寿経』に説かれている「乃至《ないし》」というのは、上下をふくめて中を略するという意味の言葉である。また「一念」というのは、念仏をもっぱらにする（専念）という意味であり、専念とは一声《いっしょう》、一声とは称名、称名とは憶念、憶念とは本願にのっとった正しい思い（正念）、そして正念とは、正しい行という意味である。また「乃至一念」というのは、長時間をかけて阿弥陀仏や極楽浄土の姿を観想することを言うのでもなく、功徳を積むことでもなく、念仏を数多くとなえることを言うのでもない。私たちが浄土へ往生するための浄信と大行の二つを、一瞬のうちに獲得してしまうことを、「乃至一念（ひとたび心に思えば）」と言うのである。よく知るべきである。

「浄信」というのは、阿弥陀仏がすべての者をお救いくだされる（利他）深遠広大なる信心のことである。これがすなわち、「念仏によって往生せしめたもう願（念仏往生の願）」より生まれ出た信心である。この願は「弥陀の真実信心を与えて往生せしめたもう願（至心信楽の願）」とも、また「信心によって往生せしめたもう願（往相信心の願）」とも名づけるべきものである。

しかるにあさはかな凡夫やいやしい衆生には、この浄信が得がたく、悟りをひらくこともむつかしい。何のゆえかと言えば、弥陀が私たちを往生せしめてくだされる（往相）本願の廻向をいただこうとしないがゆえである。本願にたいする疑惑の網に縛《いまし》められているがゆえである。今はしかし、弥陀が私たちに加えてくだされる本願のお力をいただいたがゆえに、すなわち、あまねく衆生を救いたもうこの大悲広智のお力によるがゆえに、私たちは清浄真実の信心を獲得するのである。この信心は覆《くつがえ》されることがない。この信心に虚偽《いつわり》がない。いまこそ私は知った。無上の悟りが成就しがたいのではない、真実の浄信を得ることがまことにむつかしいのである。真実の浄信を得れば、大慶喜心《だいきょうきしん》が得られるのである。「大慶喜心《だいきょうきしん》」を得るというのは、『大無量寿経』に次のようにのたまわれている。

心から安楽の浄土に生まれようと願えば、智慧は明らかになって殊勝なる功徳を得る

であろう。〈要点のみを採る〉

また『経*（如来会）』には次のようにのたまわれている。

この人は「大いなる徳を得た人」である。また、「広大にして勝れた悟りを得た人」である。〈以上〉

それゆえに、大慶喜心はまことに疑いをのぞき功徳を得るための測りしれぬ力であり、すみやかに完全なる悟りにいたることの明証であり、長生不死の妙術であり、威徳広大なる浄信である。

それゆえに、私たちの念仏も信心も、いずれも阿弥陀仏の清浄なる願心が、私たちに廻向されていることによって成りたっている。それ以外のものでは断じてない。私たちは、何の原因もなくて往生できるのではない。他人の仏道修行を原因とするのでもない。弥陀が廻向したもう浄信と大行をいただいて、みずからの信と行となることが、往生の原因である。よく知るべきである。

証というのは、弥陀がすべての者に与えたもう完全な悟りである。これは第十一の、「かならず悟りにいたらしめたもう願（必至滅度の願）」より生まれでたものである。これは「大いなる悟りをひらかしめたもう願（証大涅槃の願）」とも、「浄土にいたらしめて悟りをひらかせしめたもう願（往生証果の願）」とも名づけるべきものである。すなわち証とは、清浄真実なる究極の悟りであって、生死を完全に超えた境地（無生《むしょう》）である。「この第十一の願が成就したことを証明する文章」について。『大無量寿経』には次のようにのたまわれている。

かの浄土に生まれる衆生は、ことごとくみな仏に成ることが定まっている位（正定聚《しょうじょうじゅ》）につく。理由はと言えば、かの浄土の中には、自力で悟りをひらこうとした者（邪聚）も、弥陀の本願によらない念仏をとなえた者（不定聚）もいないゆえである。

また次のようにのたまわれている。

かの浄土に住む者は、他の世界になぞらえて、人間や天人という仮の名称があるのみである。すべての者の顔容《かんばせ》は端正であって、世を超えて希有なる姿をしている。天人でもなければ人間でもない。すべての者が形のない、絶対自由の身となっている。

また次のようにのたまわれている。

必ずこの現世を超絶し、捨て去ることができて安養の浄土に往生せよ。本願力によって*五種の悪道をよこざまに切れば、悪道は自然に閉じる。仏道にのぼれば窮極はない。浄土へは往きやすく、しかも往く人はいない。しかしながら、本願を信じれば、かならず浄土に生まれ、裏切られることはない。〈以上〉

この聖なるみ言葉を読めば、煩悩の凡夫も迷いの衆生も、浄土に生まれる信心と行とを獲得すれば、たちどころに大乗の正定の位につくことが明らかに知られる。正定の位につけば、かならず悟りがひらける。かならず悟りがひらければ、これは永遠の安楽である。永遠の安楽は大涅槃である。大涅槃とはすべての者を救うことができる境地（利他教化地）である。大涅槃にいたった者が得る身は、形なき真理の身（無《む》為《い》法身《ほっしん》）である。無為法身は絶対平等の身である。絶対平等の身はしずけき悟り（寂滅）である。寂滅は真実の相である。実相は真理の本性である。真理の本性はありのままの姿である。真如は唯一絶対の姿である。

　それゆえに、浄土へ往生する原因であれ浄土で得られる果報であれ、いずれも阿弥陀仏の清浄なる願心が、私たちに廻向されていることによって成り立っている。それ以外のものでは断じてない。原因が清浄であるゆえに、結果も清浄である。よく知るべきである。

　第二にこの世で弥陀の教えを説くこと（還相廻向）は、すべての者を救うことができる（利他教化地）働きである。これは第二十二の、「かならず最高位の菩薩に成らしめたもう願（必至《ひっし》補処《ふしょ》の願）」より生まれ出たものである。これは「最高位の菩薩であらしめたもう願（一生補処の願）」と名づけ、また「還相廻向の願」とも名づけるべきものである。

「この第二十二願が成就したことを証明する文章」について。『大無量寿経』には次のようにのたまわれている。

かの浄土に住む菩薩たちは、すべてが最高位の菩薩の境地を究めつくすであろう。しかしながら、みずから衆生を救おうとする本願をいだいて、弥陀にひとしい弘大なる誓願の功徳を身につけ、あらゆる衆生に悟りをひらかせようと願う者は、この世へ還らしめる。〈以上〉

この聖なるみ言葉によって、明らかに知られる。大慈大悲のこの弘大なる誓願は、私たちの思慮のおよばぬ広大な利益である。浄土におもむいて自分だけの仏道修行を志さず、ふたたびすべての者を弥陀の本願によって救おうと志された菩薩たちは、今も煩悩の密林に帰りいって、さまざまに迷える衆生をみちびいておられる。*普賢《ふげん》菩薩の徳にしたがい、あらゆる生きものを仏道にみちびこうとする悲願を生きておられる。それゆえに、浄土へ往くことも、浄土から還りきたることも、いずれも阿弥陀仏の清浄なる願心が、私たちに廻向されて成りたっている。それ以外のものでは断じてない。よく知るべきである。

すでにして阿弥陀仏が、十劫の昔に願を成就されたことによって、浄土の教えが釈迦如来によって説かれるべき縁が熟したのである。そこで、仏敵*提婆達多《だいばだった》が*阿闍世《あじゃせ》王をそそのかして、父*頻婆娑羅王《びんばしゃらおう》を幽閉して餓死せしめ、しかもそれをいさめた母*韋提《いだい》希《け》夫人を幽閉するという、最悪の事件が、弥陀によって生ぜしめられた。釈尊はかかる悪世界に生きる、救われがたい一切の凡夫をあわれんで、韋提希夫人に安養の浄土を選ばしめたもうたのである。これらの出来事の意味について、深く静かに思いをめぐらせば、提婆達多も阿闍世も、みずから悪行をおこなうことによって慈悲をほどこしたのである。彼らの悪行を機縁として、弥陀も釈尊も、すべての者を救おうとするみ心を深く現わしたもうたのである。天親論主《ろんじゅ》もこのみ心によって、広大にして何ものにも妨げられない弥陀の浄信を説き弘め、煩悩に染まって苦を忍《しの》ぶ人びとをあまねくみちびかれた。曇鸞《どんらん》大師もまた、浄土におもむきこの地に還らしめる弥陀のおちからを明らかにし、衆生が自分以外の力によって救われようとすること（他利）と弥陀がすべての者を救いたもうこと（利他）の相違の深い意味を弘く説きたもうた。み仏が提婆以下の人びとに化身されたのは、あらゆる凡人愚人を救うためである。弥陀の広大なる浄信と大行は、ひたすら極悪の罪人や、仏道に縁をもたぬ者たちを、浄土にみちびこうと思し召してのみ業《わざ》である。

いま願わくば、僧侶も俗人も、清浄の信心を順風として弥陀の大悲の願船に乗り、功徳の宝珠を大いなる炬火《たいまつ》として、無明の闇夜を通りたまえ。心昏《くら》く悟り少なき者は、敬ってこの念仏行をつとめたまえ。悪重く仏道の障りが多い者は、深くこの信をあがめたまえ。ああ、弥陀の弘大なる誓願という強力なる仏縁に会うことは、いかに生死を重ねようともむつかしい。真実の浄信は、億劫年《おくこうねん》を生きようとも得がたい。この得がたい信心を得た者は、遠い過去世の因縁を喜びたまえ。しかし、この教えに出会ってもなお疑惑の網に覆われれば、ふたたびかならず無限の生死を流転することになるであろう。念仏すれば如何なる者をも収めとってお捨てにならぬ弥陀の真理と、すぐさま容易《たやす》く浄土に参れるとのたもう釈尊の絶対のご命令（教勅）とを、よく聞きよく思って、信じることをためらいたもうな。

喜ばしいかな、この愚禿は、仰いでおもんみれば、信の心を弥陀の弘大なる誓願の大地に立て、感謝の情を不可思議なる教えの大海に注いでいる。教えを聞いて嘆賞し、信心を得たことを喜び、真理の言葉を集め、師の解釈を選びだして、もっぱら無上の阿弥陀仏を念じて、ことに広大なる恩に報いるのである。

それによって曇鸞菩薩の『浄土論註』をひもどけば、次のように説かれている。

「菩薩が弥陀に帰依するのは、孝子が父母に帰依し、忠臣が君后に帰依するのと同じである。自分の意思でもっては何ごとも行なわず、すべてみ仏の意志にしたがっている。仏恩を知って徳に報いるのであり、天親菩薩がまず最初に、浄土の教えを説きたもうた

19　浄土文類聚鈔

釈尊にお礼を言上されたのは当然である。〈要点のみを引用する〉

私はこの言葉を読んで仏恩が深重であることを信知し、次のような「念仏正信偈《げ》」をつくった。

西方におわします不可思議なる尊いお方は
法蔵菩薩として阿弥陀仏になりたもう修行を積んでおられた時に
まことに勝れた弘大なる根本の誓いを起こして
この上ない大悲に満ちる願をお立てになった
思惟して願を立てるまでに、*五劫もの時を経たもうた
修行の甲斐あってすべての願を成就したもうた
それ以来すでに十劫もの時を経ている
弥陀の寿命は長大であって数えられない
慈悲は深遠であって虚空にも似ている
智慧は円満であって大海にも似ている
その浄土は清浄微妙《みみょう》であって限りがない
広大であってあらゆる荘厳をそなえている
もろもろの功徳すべてが満ちて

いかなる仏国土にも勝っている
弥陀は不可思議なる障りなき光を放ちたまい
よく無明の大夜の闇を破っておられる
智慧の光は明らかであって、あらゆる者の眼をひらく
み名は全宇宙に聞こえないところはない
弥陀の功徳は仏たちのみが知っておられ
弥陀はあらゆる教えの功徳を凡愚のわれらに施したもう
弥陀の光はすべてを照らしておられる
よく無明の闇を破っておられるとはいえ
われらの貪《むさぼ》りや愛着や瞋《いか》りや嫌悪の雲霧《うんむ》が
つねに清浄なる信心の空に覆っている
しかもなおみ光が無明の闇を照らしたもうのは、たとえていえば日や月や星が
煙や霞《かすみ》や雲や霧に覆われているとはいえ
その雲霧の下がなお明るくて闇がないことに似ている
それを信知すれば、弥陀の光は日や月の功徳をはるかに超えている
かならず無上の浄信の暁にいたれば

迷いの雲が晴れて
何ものも妨げぬ清浄なる光が明らかになり
仏法の真理の世界のありのままが現われ出る
弥陀を信じてみ名をとなえれば、光が包んで護ってくだされる
またこの世においても限りない功徳をあたえてくだされる
無限・不可思議の光は絶えずとどいて
いずれの世をも、場所をも人をも照らしている
み仏たちは念仏者をかならず護りたまい
等しく弥陀のみわざを讃えて悦《よろこ》んでおられる
煩悩に惑い悪を行なう者もすべて浄土に生まれ
教えを謗《そし》る者も仏法に縁なき者も、心をひるがえせばすべてが浄土におもむく
未来の世に仏教が滅びたところで
この浄土の教えだけはなお百年間存続する
どうして弥陀の大願を疑えよう
ただ釈迦如来の真実のみ言葉を信じよ
西天印度の論主たちも

中国・日本の高僧たちも
偉大なる釈尊の正しいご意思を開示して
弥陀の根本の誓願こそが、末世の者にふさわしいことを証明された
釈迦如来は*楞伽山《りょうがせん》において
弟子たちのために予言したもう
「天竺の南に龍樹菩薩が出て
あらゆる有と無の邪見を破るであろう
すべての者をよく救う無上の教えを説いて
喜びにつつまれて安楽の浄土に往生するであろう」と
龍樹菩薩は『十住《じゅうじゅう》毘婆娑論《びばしゃろん》』をつくって
自力苦難の修行を悲しみ
浄土への易々たる大道を開き示された
弥陀を敬う心でもって名号を保ち
つねにとなえて速《すみや》かに不退転の位をえよ
信心が清浄であれば、弥陀を見たてまつると説きたもうた
天親菩薩は『浄土論』をつくり

経典によって真実をあらわしたもうた
横ざまに浄土へ超え出る弥陀の根本・弘大の誓願の輝きを現わし
不可思議の願の意義を説きひろめられた
弥陀の本願力がわれらにさしむけられていることによって
煩悩の束縛を脱しうる真実信心があることを明らかにされた
この功徳の大宝海に帰入すれば
かならず弥陀の僧伽《さんが》に加えられ
浄土の蓮華の上に生まれ出れば
平等なる悟りの身が得られ
しかも煩悩の世界にもどって神通力を現わし
生死に迷う衆生を、遊ぶがように救うと説きたもうた
梁《りょう》の蕭王《そうおう》は*曇鸞《どんらん》大師を招きたまい
つねに住居にむかって菩薩と礼拝しておられた
大師に浄土のみ教えを授けたのは*菩提流支《ぼだいるし》三蔵法師であり
大師はそれゆえに仙経*を焼き捨て浄土教に帰依された
大師は天親菩薩の『浄土論』を注解して

如来の本願が称名にあることを明らかにされた
往相・還相の廻向は弥陀の根本の誓願によっており
煩悩に満ちみちる凡夫も
これによって信心を得れば悟りをひらき
煩悩の身のまま涅槃にいたると明らかに知り
光明かぎりない浄土に必ずいたれば
ふたたび戻ってすべての者を救うと説きたもうた
*道綽《どうしゃく》大師は聖道門の悟りの困難を説いて
ただただ浄土門に入るべきことを明かしたもうた
善行はすべて自力であると貶《おとし》められ
あらゆる功徳の満ちる名号のみを称《とな》えよとすすめられた
*三不信・三信の教えをねんごろに説いて
悪世に生きる者をも弥陀は等しく浄土にみちびきたまい
われらは生涯にわたって諸悪を犯すとも、弥陀の弘大なる誓願にあえば
安養の浄土にいたって妙えなる悟りを得ると説きたもうた
*善導和尚は一人弥陀のみ心をよく察して

深く本願にしたがって浄土の真実の教えを説きたもうた
自力の善の行者も極悪人も等しくあわれんで
弥陀の光明と名号が浄土へおもむく因縁であることを示したもうた
涅槃の仏門に入って弥陀の真心にお会いすれば
かならず信と歓喜と悟りを知るのであり
本願にしたがって往生を得る者は
悟りの永遠の安楽を得ると説きたもうた
*源信僧都は釈迦一代の説法をひろくひもどき
みずから安養の浄土に帰依してすべての衆生にすすめたもうた
もろもろの経と論によって浄土の教えと念仏行とをえらびたもうた
まことに悪世に生きる者の目であり足である
数多《あまた》の仏道の得失を、*専修念仏とそれ以外の仏道とに区別し
われらを念仏の真実の法門に返し入れたもうた
念仏を保持する心に浅い深いがあって
信心の深い者は*報土におもむき、浅い者は*化土におもむくことを区別したもうた
*源空聖人はすべての聖典を読みたもうて

善悪の凡夫を等しくあわれみたまい
真実の教えと悟りとをはるかな日本にもたらし
弥陀の選択したもう本願を悪世にほどこしたもうた
われらが迷いの世界を流転するのは
本願を疑うゆえであると示し
すみやかにしずけき悟りの浄土に入ってゆくのは
必ずこの信心によると説きたもうた
これら論家の教えも祖師の解釈も、すべてが心を同じうして
数かぎりない極悪人を救いたもう
今の世の僧侶も俗人もことごとくみな
これら高僧の教えをただ信じたまえ

六十行、一百二十句の讃歌（偈頌《げじゅ》）は以上で終わった。

問う。往生のためには、弥陀の本願である念仏往生の願に三つの心が必要であるとされている。ところが天親論主は『浄土論』において、「われ一心に」と述べておられる。これはどういう理由によるのであろうか。

答え。愚かな者たちに判りやすくするために、天親論主が三つを合せて一つとされたと思われる。三心というのは、一つには至心（まごころをつくす）、二つには信楽《しんぎょう》（信じ喜ぶ）、三つには欲生《よくしょう》（極楽往生を願う）である。

私なりに文字の読み方でもって『浄土論』の意味を推察すれば、三心を合一して一心と説いておられると思われる。その理由を言えば、第一の「至心」の「至」とは真であり誠《じょう》であり、「心」とは種であり実である。第二の「信楽」の「信」とは真であり、実であり、誠であり、満であり、極《ごく》であり、成《じょう》であり、用《ゆう》であり、重であり、審であり、験である。「楽《ぎょう》」とは欲であり、願であり、慶《きょう》であり、喜であり、楽《らく》である。第三の「欲生」の「欲」とは願であり、楽《ぎょう》であり、覚であり、知である。「生」とは成であり、興である。

それゆえに、「至心」とは弥陀が誠意をつくして往生の原因としたもうた真実（誠《じょう》種《しゅ》真実）心である。それゆえに、疑いがまじるはずはない。「信楽」とは真実と誠意に満ち満ちている（真実成満《じょうまん》）心であり、究極のことが成就するために用いられる大事な（極成用重《ごくじょうゆうじゅう》）心であり、往生への願いがつまびらかにあらわれている（欲願審験《よくがんしんけん》）心であり、往生を求め、かつ得られることを喜ぶ（慶喜楽《きょうきらく》）心である。それゆえに、疑いがまじるはずはない。「欲生」は往生を願い喜ぶ（願楽《がんぎょう》）心であり、弥陀が往生の正しさを覚知して衆生に願いを興《おこ》さしめる（覚知成興《じょうこう》）心である。それゆえにこの三つの心はすべて、ともに真実であって疑いがまじるはずはない。疑いがないゆえに三心は一心である。文字の読み方はこのようである。このことを考えるべきである。

また三心の第一の「至心」について言えば、この心は弥陀があらゆる功徳を成就された真実の心を指している。それゆえに阿弥陀仏は真実の功徳をあらゆる者に施したもうた。その施しが名号である。それゆえに「南無阿弥陀仏」が弥陀の至心の私たちへのあらわれである。いっぽう全宇宙の衆生は、穢であり悪であり煩悩に執着して汚れており、清浄の心がない。嘘やいつわりやさまざまな毒念に満ちていて真実の心がない。弥陀はそれゆえに、法蔵菩薩として修行しておられたさいに、身と口と心によるすべての行いを、一瞬一瞬、清浄真実なる心をこめて行じておられた。弥陀はその清浄の真心を、真心なき衆生に廻向したもうたのである。

『大無量寿経』には次のようにのたまわれている。

法蔵菩薩の至心は、欲の思いも、瞋《いか》りの思いも、害の思いも生じない。それらにもとずく想像も起きない。どんなに美しい形態にも、声にも、香りにも、味にも、肌ざわりにも、物そのものにも執着しない。忍耐力を充分にそなえて、もろもろの苦しみをいとわない。欲望は少なく足ることを知って、執着や瞋りや痴愚の心がない。静かな悟りの境地にいて、智慧がすべてに通じている。嘘いつわりやへつらいだます心のあるはずがない。顔は柔和であり、言葉は愛に満ちて、相手の意思を察した上で質問を受けられる。仏道にいそしむ志は勇猛であり、精進して飽きることがない。もっぱら清浄潔白の教えを求めて、それをもってあらゆる者に恵みたもう。仏・法・僧の三宝を敬い、師匠や年長者に仕えたもう。完全なる修行をおさめ、あらゆる衆生に功徳を与えたもう。〈抄出〉

　この聖なるみ言葉によって、明らかに知られる。ここで言われている心は、阿弥陀仏の清浄広大の至心である。これを真実心と名づけるのである。「至心」はすなわち大慈悲心である。それゆえに、疑いがまじるはずはない。

　第二の「信楽」について言えば、弥陀の真実心のあらわれが信楽である。いっぽう、煩悩にとらわれている衆生にも、煩悩に穢れている凡人愚人にも、清浄の信心がない。真実の信心がない。それゆえに真実の功徳を受けられるはずがなく、清浄の信楽を得られない。このことにかんして善導和尚の御解釈（『観経疏』散善義）の意味をうかがえば、凡夫には愛執の心がつねに生じて善心をけがし、瞋りきらう心は仏法の財宝を焼き払う。一日中身も心も苦しげに駆りたてて、頭上に燃える炎を払うがように動きまわっていても、凡夫の行ないはすべて毒まじりの善と名づける。また虚仮《こけ》の行なりと名づける。真実の仏道修行とは名づけないのである。この毒まじりの善行をささげて浄土に往生しようとしても、断じて不可能である。なんとなれば、まさにかの阿弥陀仏は法蔵菩薩として仏道修行をつづけておられた時には、その身と口と心によるすべての行ないを、一瞬一瞬、真実なる心をこめて行じておられた。それゆえに、疑心がまざることがなかった。弥陀はこの清浄真実の信楽を、あらゆる衆生に廻向してくだされているのである。

「第十八の本願が成就したことを証明する文章」について。『大無量寿経』には次のようにのたまわれている。

あらゆる衆生が、弥陀の名号を聞いて信心歓喜するであろう。〈抄出〉

この聖なるみ言葉によって、明らかに知られる。ここで説かれている信心とは、本願に満ち満ちて私たちに廻向されている清浄真実の信楽である。これを信心と名づけるのである。それゆえに私たちの信心とは弥陀が私たちに与えたもうた大慈悲の心そのものである。それゆえに疑いに覆われることがない。

第三の「欲生」について言えば、弥陀の、清浄真実の信心のあらわれが「欲生」である。いっぽう輪廻の世界を流転しつづける凡夫や、永劫無限に生きかわり死にかわりする衆生には、往生を願っていかなる廻向をしようと、清浄なる廻向の心がない。真実なる廻向の心もない。弥陀はそれゆえにこそ、法蔵菩薩として仏道修行をつづけておられたときには、身と口と心によるすべての行いを、一瞬一瞬、衆生への廻向を第一として大慈悲心を成就するために行じておられた。それゆえに、弥陀は清浄真実の欲生心を、あらゆる衆生に廻向してくだされているのである。

「第十八の本願が成就したことを証明する文章」について。『大無量寿経』には次のようにのたまわれている。

至《し》心《しん》廻《え》向《こう》願《がん》生《しょう》彼《ひ》国《こく》、即《そく》得《とく》往《おう》生《じょう》住《じゅう》不《ふ》退《たい》転《てん》（弥陀は至心にわれわれに廻向したもうておられる。それゆえに弥陀の浄土に生まれようと願えば、たちどころに往生を約束されて、もはや退かぬ位に住む）〈要点のみをとった〉

この聖なるみ言葉によって、明らかに知られる。ここで言われている心は弥陀の大慈悲心である。あらゆる衆生を浄土に喚び招きたもう教勅である。われわれが浄土を願うのは（欲生心）、弥陀の大慈悲心のおんもよおしである。それゆえに、欲生心を、廻向と名づけるのである。

以上でもって知られるように本願に説かれている至心・信楽・欲生の三心は、すべてこれ弥陀の大慈悲心が私たちに廻向してくだされている心である。それゆえに清浄真実であって疑いがまじることがない。それゆえに三心は一心である。

このことにかんして善導大師の御解釈（『観経疏』散善義）をひもどけば、次のように説かれている。

西の岸辺に人があって、呼ばわって言った。「おまえ、一心に正しく念仏して、すぐに渡ってこい。私がおまえをよく護ってやろう。途中で水や火の災難に堕ちることを恐れるな」と。

また次のように説かれている（「散善義」）。

水と火が寄せあっている中間に続いている、この世から浄土にいたるためのかぼそい一筋の白い道がある。これは、私たちが貪《むさぼ》りの水と瞋《いか》りの火にみちた煩悩のさ中にあって、浄土へ往生しようとする清浄なる願いの心がよくぞ生まれたということの譬《たとえ》である。仰いで煩悩の大河の東岸に立つ釈尊のすすめを受け、また西岸に立つ弥陀が喚び招きたもうことによって、水火の二河をかえりみず、弥陀の願力の道に乗ってすすむのである。

〈略出〉

これによって知られる。浄土に生まれることができるための清浄の願心（能生清浄《のうしょうしょうじょう》願心《がんしん》）は、私たちの心ではない。弥陀の大悲がさしむけてくだされている心である。それゆえに「清浄願心」とのたまわれているのである。それゆえに、「一心正念」という言葉の「正念」とは、弥陀の名をとなえること（称名）であり、称名とはすなわち「南無阿弥陀仏」である。また、「一心」とは深心《じんしん》であって、深心とはすなわち堅固なる深信であり、堅固なる深信とは真心《しんしん》であり、真心とは金剛心であり、金剛心とは無上心であり、無上心とは厚く一筋に弥陀の信心を保持する心（淳一相続心）であり、淳一相続心とは大慶喜心である。大慶喜心を獲得すれば、この心は淳一相続心に反せず（違三不）、まさしく淳一相続心（順三信）である。この心は悟りをひらこうと志す心（大菩提心）である。大菩提心は真実の信心である。真実の信心は仏となろうと願う心である。仏となろうと願う心は一切衆生を救おうとする心である。一切衆生を救おうとする心は、衆生を収めとって安楽の浄土に生まれさせようとする心である。この心は徹底した平等心である。この心は大慈悲心である。この心が仏となるのである。この心は仏である。この心を仏の教えに最もかなった心（如実修行相応）と名づけるのである。よく知るべきである。

弥陀の本願に説かれている三心が一心であるという意味について、これでもって答え終えた。

問う。『大無量寿経』にある弥陀の本願には、至心・信楽・欲生の三心が説かれており、『観無量寿経』には至誠心・深心・廻向発願心の三心が、往生浄土のために必要であると説かれている。この異同はどのようであるか。

答え。両経の三心は同一である。何をもって知られるかと言えば、宗師善導和尚の御解釈（『観経疏』散善義）によると、至誠心については、至とは真であり、誠とは実である。

と説かれている。また、教えを信じ、修行を信じることとの意味についての説明の中では（「散善義」）、

一心に「南無阿弥陀仏」とのみとなえることを「正しく極楽往生が決定される行為」（正定《しょうじょう》の業）であると名づける。

と説かれている。また『往生礼讃』には、

深心は真実の信心である。

と説かれ、廻向発願心については「散善義」に、

この心は金剛のように深く信じることである。

と説かれている。

これによって明らかに知られる。一心とは信心である。「南無阿弥陀仏」とのみとなえることが、極楽往生のための正しい行為である。この一心の中に至誠・廻向の二心がともに含まれているのである。以上でもって今の問いに答え終えた。

また問う。今の二教に説かれている三心と、『小経（阿弥陀経）』に説かれている執持《しゅうじ》との異同はどのようであるか。

答え。『小経』には、「名号を執持せよ」と説かれている。この「執」とは心が堅固であって移ろわぬこと、「持」とは散らさず失わぬという意味である。それゆえに「不乱」と言われる。執持とは一心である。一心とは信心である。それゆえに私たちは「名号を執持せよ」という真《まこと》の教えにも、「一心不乱であれ」という誠《まこと》のみ言葉にも、かならず帰依するべきである。ことにこの言葉を仰ぐべきである。

インドの論家と中国の宗師とが浄土の真実の教えを開いて、悪世界に生きる邪《よこし》までいつわりなる衆生をみちびこうとされた。これら浄土三部の教えには、隠された意味と表に現わされている意味とがある。とはいえ、つねに一心が往生浄土の条件とされているのである。それゆえにすべての経のはじめに、「如是」と言われているのである。天親論主は『浄土論』のはじめに、「一心」と仰せられている。これがすなわち「如是」の意味を明らかにしている。これにかんして宗師善導和尚の御解釈(「定善義」)をひもどけば、次のように説かれている。

如意という言葉には二つの意味がある。一つには〝衆生の意《こころ》のままに〟という意味であって、私たちがどのような心の持主であろうと、弥陀はそれぞれの心に応じて救ってくだされる、という意味である。二つには〝弥陀の意のままに〟という意味である。弥陀の全能の知恵の眼《まなこ》が全宇宙を照らして、六*種の神通力が自由自在に浄土へ迎えるべき者たちのもとにとどいている。弥陀は一瞬のうちに衆生の前に身も心も現わされる。みずからの身と口と心でもって悟りを開かしめてくだされるのであるが、しかも衆生の器量に応じて、おのおのにふさわしい仏道を示してくだされる、ということである。

また『般舟讃《はんじゅさん》』には次のようにのたまわれている。

浄土の教えを聞く人びとにうやまって申しあげる。あなた方は大いに慚愧《ざんき》するべきである。釈迦如来はまことに慈悲ある父母であって、説く相手の器量に応じ、さまざまな方便を用いて、私たちに無上の信心を起こさせしめたもう。〈以上〉

これによって明らかに知られる。私たちは釈迦・弥陀二尊の大悲によって、仏となる因《もと》である一心を獲得したのである。一心を得た人が希有の人であり、最も勝れた人であると知るべきである。ところが、迷える愚人や衆生は、信心を起こすことがない。真実の心が起きることもない。それゆえに、『大無量寿経』には次のようにのたまわれている。

たとえこの経を聞いても、信心を執持するのは、難中の難事である。これにすぎた難事はない。

また『阿弥陀経』の別訳『称讃浄土経』には次のように説かれている。

これは世界中のあらゆる教えのなかで、信じることが最もむつかしい教えである。

まことにもって知られる、大聖釈尊がこの世に出でたもうた最大の因縁は、弥陀の悲願こそ私たちに真実の利益を与えるものであることを、ご自身でお説きになるためであった。いかなる仏道修行も行いえぬ凡夫が、ただちに浄土におもむけることのご教示を、釈尊は大悲の教えの極致としたもうたのである。

このことにかんして、他のもろもろのみ仏の教えの意味をうかがえば、過去・現在・未来にわたって世に出でたもうすべてのみ仏の根本の御意志も、ただただ阿弥陀仏の不可思議の誓願を説き弘めようがためである。つねに生死の世界に沈む凡夫が、弥陀の本願力の廻向にあずかって、その真実の功徳を聞き、無上の信心を得れば、たちどころに大いなる慶喜を得るのである。往生浄土を決定され、もはや退かぬ位を得るのである。その時は煩悩を断ち切ることなく、すみやかに大涅槃の境地をわが身に実現すると、すべてのみ仏が説いておられる。

愚禿鈔

ぐとくしょう

『二巻鈔』とも呼ぶ。宗祖が自らの領解《りょうげ》を述べられたもの。二巻からなる。上巻は、仏教の教義を分類批判して大乗と小乗とにわけ、大乗についていわゆる二雙四重の判釈を施し、浄土真宗が阿弥陀仏の選択本願による絶対の法門であることを明かす。下巻は、善導の『観経疏』の三心釈にもとづき、その真仮について論じて、他力真実の信心に帰すべきことを示す。

本鈔の撰述年時について、一般には、現存する諸本の奥書がいずれも「建長七年乙卯八月廿七日書之　愚禿親鸞八十三歳」とあることから、宗祖八十三歳の撰述とされているが、村上専精博士は、法然上人の下で修学していた頃の宗祖の手控を後年整理されたものと見ている。

愚禿鈔 上

賢者の信を聞いて、愚禿なる私の心をあらわす。

賢者の信は、内は賢であって外は愚である。

愚禿の心は、内は愚であって外は賢である。


仏教は聖道と浄土の二つの教えに大きく分けられる。両者を比較するにあたっては、まず仏教に、二種類の教えがあることを知るべきである。

一つにはすべての衆生とともに悟りをひらこうとする（大乗）教え、二つには自分一人の悟りをめざす（小乗）教えである。

大乗の教えの中には、二種類の教えがある。

一つにはたちどころに悟りを得る教え（頓教）であり、二つには順を追って悟りにいたる教え（漸教）である。

頓教の中には、また二種類の教えと二種類の迷いの超え方（超）がある。

二種類の教えとは、一つには難行であって、これが聖道の真実の教えである。具体的には禅（仏心）・真言・法華・華厳などの教えである。二つには易行であって、これが浄土に生まれるための、弥陀の本願の真実の教えである。『大無量寿経』などである。

二種類の迷いの超え方とは、一つには竪ての超え方（竪超《じゅちょう》といい、即身是仏や即身成仏など、この世で、人の身のままで悟りをひらくこと）である。二つには横の超え方（横超《おうちょう》といい、弥陀が与えたもうた、本願を信じて、死後にたちどころに真実報土へ往生すること）である。

漸教の中には、また二種類の教えと二種類の迷いからの出方がある。

二種類の教えとは、一つには難行・苦行によって悟りをひらこうとする仏道（難行道）であって、これは聖道の仮りの教えである。具体的には法相宗など、無限の長時間の修行を必要とする教えである。二つにはたやすく悟りをひらく道（易行道）であって、これは浄土を願って自力の修行をおこなうこと（浄土要門）である。具体的には『観無量寿経』の教えであって、心を統一して行う善行（定善行）や、平常の心のままで行う善行（散善行）や、道徳を守り、戒律を守り、仏の説きたもう行にはげむこと（三福）や、九種類の往生の仕方に則して行をおこなう（九品）の教えである。

二種類の迷いからの出方とは、一つには竪の出方（竪出）であり、聖道門の出方であって、無限の長時間の修行によって悟りをひらくことである。二つには横の出方（横出）であって、浄土へおもむくという出方である。これはしかし、*胎宮《たいぐう》・*辺地《へんち》・*懈慢《けまん》などの仮りの浄土への往生である。

小乗の教えの中には、二種類の教えがある。

一つには自ら悟りをひらく（縁覚《えんがく》）教えである。その一つは、つねにひとりで修行して悟りをひらく教え（麟喩独覚《りんゆどっかく》）、二つは悟りをひらく時にひとりきりになる教え（部行独覚）である。

二つにはみ仏の教えを聞いて悟りをひらく（声聞《しょうもん》）教えである。八種の*位がある。

以上の分類のうち、ただひとつ阿弥陀仏が与えたもうた本願に帰依することを除いて、それ以外の大乗小乗・真実の教えと仮りの教え・言葉にあらわせる教え（顕教）と言葉にあらわせない教え（密教）などの諸教はすべて難行道であり、聖道門である。また『観無量寿経』に説かれている易行道の浄土要門の教えは、みずからの善行を廻向して浄土へ往生しようと願う、自力の人びとをも救うために弥陀が方便としてお説きになった仮りの教え（浄土廻向発願自力方便の仮門）と言うのである。よく知るべきである。

『大無量寿経』に説かれている「選択」には三種類がある。

一つは法蔵菩薩のそれであって、*四十八願のうちの第十八願を、おんみずからの根本の誓願であると選択され、おんみずからが造りたもう仏国土として極楽浄土を選択され、そしてそこに、あらゆる衆生を収めとることを選択され、そして収めとった衆生に悟りをひらかせることを選択されたことである。

二つは法蔵菩薩の師、世自在王仏のそれであって、法蔵菩薩の本願を最もすぐれた仏道であると選択され、極楽浄土を最高の仏土であると選択され、弥陀の功徳を最高のものと選択して讃嘆され、弥陀の成仏を無上のものと選択して証明されたことである。

三つは釈迦如来のそれであって、『大無量寿経』を後世に伝えさせる者として、数多《あまた》の弟子の中から弥勒菩薩*を選び、念仏こそ後世に伝えるべきものと選択したもうたことである。

『観無量寿経』に説かれている「選択」には二種類がある。

一つは釈迦如来のそれであって、数多のみ仏の功徳のうち弥陀の本願の功徳を最高のものと選択し、あらゆる者を収めとりたもう弥陀の慈悲を最大のものと選択し、弥陀を選択して最も高く讃嘆し、念仏者を護ることを選択し、この教えを後世に伝えさせる者として、数多の弟子の中から阿難尊者*を選び、念仏こそ後世に伝えるべきものと選択したもうたことである。

二つは韋提希夫人*のそれであって、彼女がおもむく仏世界として極楽浄土を選択し、末法に生まれた者を、浄土に迎えられるべき者として、彼女が選択したことである。

『小経（阿弥陀経）』に説かれている信心のすすめ方（勧信）に二種類、念仏によってかならず往生できることの証明（証成《しょうじょう》）に二種類、念仏者の護り方（護念）に二種類、弥陀の偉業の讃嘆に二種類、また難と易との二種類がある。

勧信の二種類とは、一つには釈迦が衆生に弥陀の本願を信じよとすすめたもうことであり、二つにはおなじく諸仏がすすめたもうことである。

証成の二種類とは、一つには弥陀の功徳が完成したことを証明することであり、二つには念仏すればかならず往生できることの証明である。〈釈迦にも諸仏にもこの証明がある〉

護念の二種類とは、一つには念仏を執持する者を護りたもうことであり、二つには往生を願って念仏する者を護りたもうことである。〈釈迦も諸仏も念仏者を護りたもう〉

讃嘆の二種類とは、一つには釈迦が弥陀と諸仏を讃嘆したもうことであり、二つには諸仏が弥陀と釈迦を讃嘆したもうことである。

難易の二種類とは、第一の難とは念仏往生を疑う情《ににろ》である。第二の易とは信心である。

執持には過去・現在・未来の三種類がある。発願にも同じ三種類がある。

善導の『法事讃』には、三種類の極楽往生の仕方が説かれている。

一つには、難思議往生である。〈これは真実の報土におもむく『大無量寿経』の本意である〉

二つには、双樹林下往生*である。〈これは方便化土におもむく『観無量寿経』の本意である〉

三つには、難思往生*である。〈これは方便化土におもむく『阿弥陀経』の本意である〉

『大無量寿経』には、次のようにのたまわれている。弥陀の本願が成就したことを証明したもうためには、三種類の仏身がおわします。

一つには法身の証成である。〈『大無量寿経』にのたまわれている。法身のみ仏が空中から声で〃法蔵菩薩はかならずや無上の悟りを成就なされるであろう〃と仰せられた〉

二つには報身の証成である。〈十方諸仏の証成である〉

三つには化身の証成である。〈世自在王仏の証成である〉

仏国土については、二種類の要素から成り立っていると知るべきである。

一つには仏であり、二つには仏が造りたもうた国土である。

仏については、四種類がある。

一つには法身のみ仏、二つには報身のみ仏、三つには応身のみ仏、四つには化身のみ仏である。

法身のみ仏については、二種類がある。

一つには姿なき真理の身（法性法身）のみ仏であり、二つには衆生を救うために姿を現わしたもう（方便法身）み仏である。

報身の（菩薩の修行の果報として得られた）み仏については三種類がある。

一つには阿弥陀仏、二つには釈迦如来、三つにはそれ以外の全宇宙におわします仏如来である。

応身・化身の（それぞれの衆生の救いにふさわしく姿を変える　応身＝人間に変わる　化身＝人およびそれ以外のものに変わる）み仏については三種類がある。

一つには阿弥陀仏のそれ、二つには釈迦如来のそれ、三つにはそれ以外の全宇宙におわします仏如来のそれである。

国土については四種類がある。

一つには法身のみ仏のおわします国土であり、二つには報身のみ仏が造りたもうた国土であり、三つには応身のみ仏が造りたもうた国土であり、四つには化身のみ仏が造りたもうた国土（化身土）である。

報身のみ仏が造りたもうた国土（報土）については三種類がある。

一つには阿弥陀仏の報土であり、二つには釈迦如来の報土であり、三つにはそれ以外の全宇宙におわします仏如来の報土である。

阿弥陀仏が造りたもうた化身土については二種類がある。

一つには疑城胎宮《ぎじょうたいぐう》であり、二つには懈慢辺地《けまんへんじ》である。

皆もろともに（一乗）救いたもう弥陀の本願は、一切の衆生が最もすみやかに完全無欠

（頓極《とんごく》頓速《とんそく》円融《えんゆう》円満《えんまん》）の仏となりうるものであるゆえに、唯一絶対の教えであり、唯一真実の道であると知るべきである。これこそもっぱらに修すべき教えであり、これこそたちどころに仏となりうる道である。真理のなかの真理であり、完全のなかの完全である。皆もろとも（一乗）の成仏のための、唯一の真実の教えは、広大なる誓願の海である。

〈これはこの上ない希有の行である〉

阿弥陀仏が与えたもう金剛の真実心は、何ものも妨害できず、すべてのものを救いたもう信心の大海であると知るべきである。

『観経疏』（玄義分）には、「私は大乗の頓教、すなわち一乗海に帰依する」と説かれている。

『般舟讃』には、「『瓔珞経《ようらくきょう》』のなかには漸教《ぜんきょう》が説かれている。これは無限の長時間修行して、不退の位につく教えである。それにたいし『観無量寿経』『阿弥陀経』などの教えは、大乗の頓教である」と説かれている。

弥陀の本願が、円頓《えんとん》であるというのは、円は、人びとに妨げなく功徳をあたえ（円融）・功徳が満ちて欠けることがない（円満）ということであり、頓は、一瞬のうちに悟りをひらき（頓極）・きわめて速やかに悟りをひらく（頓速）ということである。

本願一乗海と*浄土の要門の二教を対比すれば、本願一乗海は、頓極・頓速・円融・円満の教えであると知るべきである。すでに述べたように、浄土の要門は定散二善・方便仮門・三福*九品の教えであると知るべきである。この両者には、

行じ難いか行じ易いか（難易対）、横に跳ぶか縦に登るか（横*竪《じゅ》対）、そくざかしだいにか（頓漸対）、飛び超えるかゆっくり渉《わた》るか（超渉対）、真実か方便か（真仮《け》対）、本願に順《したが》っているか逆《さか》っているか（順逆対）、純一であるか雑多であるか（純雑《ぞう》対）、邪《よこし》まであるか正しいか（邪正対）、すぐれているか劣っているか（勝劣対）、弥陀の慈悲に親密か疎遠か（親疎対）、功徳が大きいか小さいか（大小対）、功徳が多いか少ないか（多少対）、弥陀が重視された願によるか軽視された願によるか（重軽対）、通有の善行によるか弥陀が特別に設けられた本願によるか（通別対）、まっすぐ行くか回ってゆくか（径迂対）、捷《はや》く行くか遅く行くか（捷遅対）、あらゆる時代の衆生が救われるか限られた時代の衆生しか救われないか（広狭対）、まじかに弥陀を仰ぐか遠くにしか見られないか（近遠対）、完全明瞭な教えか不完全不明瞭な教えか（了不了教対）、大いなる利益があるか小さな利益しかないか（大利小利対）、無上の教えであるかまだ上があるか（無上有上対）、往生のために自分の修行を廻向する必要がないのか廻向しなければならないのか（不廻廻向対）、弥陀の*直説であるか直説でないか（*自説不説対）、弥陀の本願であるか本願でないか（有願無願対）、根本の願であるか根本の願でないか（有誓無誓対）、弥陀が特別に選びたもうたか、そうではない

か（選不選対）、釈尊が称讃しておられるか称讃しておられないか（讃不讃対）、諸仏が教えの正しさを証明しておられるかおられないか（証不証対）、諸仏が護《まも》りたもうか護りたまわないか（護不護対）、何かを説く因《ちな》みに浄土往生の法を明かす教えか、直接に往生を説く教えか（因明直弁《いんみょうじきべん》対）、道理が尽されているか尽されていないか（理尽非理尽対）、煩悩にさまたげられて、行に隙間《すきま》ができるかできないか（無間有間《むけんうけん》対）、弥陀一仏に対する信心を持続するか、他の諸仏に信心が移るか（相続不相続対）、往生を信じ続けるか再び疑うか（退不退対）、弥陀を思い続けるか思いがとだえるか（断不断対）、悟りのための修行を説くか、既に悟りを開かれた弥陀の名号の徳を説くか（因行果徳対）、滅法の世にいたって滅びる教えか、なお存続する教えか（法滅不滅対）、人間の自力によって往生するか、弥陀の他力によって往生するか（自力他力対）、弥陀が衆生を収めとられるかとられないか（摂取不摂対）、この世において正定聚となるかならないか（入定聚不入対）、われわれの思議がおよぶか思議を絶しているか（思不思議対）、報土に往生するか化身土に往生してしまうか（報化二土対）。

以上の四十二の対比が、本願一乗海と浄土の要門との間にあると知るべきである。

真実の清浄なる信心は、私たちが浄土におもむく内なる原因である。その信心を得た者を、弥陀が収めとってお捨てにならない光明は、外なる縁である。

本願を信じて拝受するのは、念仏によって、これまで生きてきた自力の命が終わることである。〈すなわち正定聚の数に入ることである〉

信心を得た者がたちどころに往生を得るというのは、念仏によって、たちどころに往生が決定されるという意味である。〈即時に必ず正定聚に入る。また、必ず正定聚に入った菩薩と名づけるのである〉

この信心は、弥陀が私たちに与えたもう他力の金剛の信心であると知るべきである。すなわち、弥勒菩薩と同じである。〈弥勒菩薩は自力によって金剛の信心を獲得されたのであり、私たちは弥陀の他力によって、弥勒菩薩にひとしい金剛の信心をいただくと知るべきである。『大無量寿経』には、「弥勒にひとしく涅槃に近い」とのたまわれている〉

信心を獲得する者には二種類の対比がある。

本願一乗海をいただく者は他力である。

浄土の要門を信じる者は自力である。そしてこの両者には、

教えを信じているか疑いをまじえているか（信疑対）、賢明であって信心をいただくか愚かであっていただかないか（賢愚対）、信心をいただく善き人であるかいただかない悪しき人であるか（善悪対）、正定聚であるか、報土往生できない邪定聚であるか（正邪対）、弥陀からよき人とされているかいないか（是非対）、真実の信心に満たされているか空虚

であるか（実虚対）、真実の信心をいただいているか偽《いつわ》りの信心であるか（真偽対）、弥陀の清浄心をいただいているか濁穢《じょくえ》なる人間の信心であるか（浄穢対）、うるわしい人であるか、みにくい人であるか（好醜対）、精妙なる人であるか粗雑なままの人であるか（妙麁対）、信心をいただいた鋭利な人であるか、いただかない魯鈍な人であるか（利鈍対）、浄土におもむくのが遅い人であるか、すぐさまおもむく人であるか（奢促対）、世にまれな人であるかありふれた人であるか（希常対）、強剛な心の持ち主であるか柔弱な心の人であるか（強弱対）、上上の人であるか下下の人であるか（上上下下対）、勝《すぐ》れた人であるか劣った人であるか（勝劣対）、すぐさま信心をいただいた人であるか、心をひるがえしたすえに信心をいただく人であるか（直入廻心対）、光明の人であるか無明の人であるか（明闇対）。

以上十八の対比が、他力の人と自力の人の間にあると知るべきである。

また、衆生全般についても、二種類の器がある。同時に二種類の性《しょう》がある。

二種類の器というのは、一つには善器であり、二つには悪器である。

二種類の性というのは、一つには善性、二つには悪性である。

また、善器については二種類がある。傍《ぼう》・正《しょう》の区別もある。

善器の二種類というのは、一つには定善を行う器であり、二つには散善を行う器である。〈善導和尚の『観経疏』には、「仏教を受け入れるすべての人びとに二種類の器がある。一つは定善の器、

二つは散善の器である」と説かれている〉

また、善器に傍・正があるというのは、一つには菩薩、二つには縁覚、三つには声聞・*辟支《びゃくし》などである。〈以上の三者は浄土の傍器と言われて、弥陀の慈悲の主たる対象にはならない〉四つには天人、五つには人間などである。〈これらが浄土の正器と言われて、弥陀の慈悲の主たる対象である〉

また、善性については五種類がある。

一つには好んで善をおこなう性質、二つには正義をおこなう性質、三つには誠実なる性質、四つには道理にかなったおこないをする性質、五つには表裏のない性質である。

また、悪器については七種類がある。

一つには*十悪の者、二つには*四種の重い禁制を破る者、三つには正しい見解を捨てる者、四つには戒律を破る者、五つには*五逆を犯す者、六つには仏教を誹謗する者、七つには仏教に無縁の者である。

また、悪性については五種類がある。

一つには悪をおこなう性質、二つには邪義をおこなう性質、三つには虚偽なる性質、四つには道理にはずれたおこないをする性質、五つには表裏のある性質である。

光明寺の善導和尚の『観経疏』（玄義分）には、次のように説かれている。

「出家や在家の者たちが、それぞれに無上の仏心を起こしたとしても、この世ははなはだ捨てがたい。悟りははなはだ得がたい。それゆえに、みなともに金剛の信心をいただいて、生老病死の四つの悪しき流れを横ざまに超えゆけ。阿弥陀仏の世界を明らかに見て、帰依して合掌し、礼拝したてまつれ。金剛の信心を正しく頂戴して、弥陀の本願にかなった一心の念仏をとなえれば、かならずや悟りを得るであろう」

　天親論主の『浄土論』には、次のように説かれている。

「世尊よ、私は一心に、*尽十方無礙光如来に帰命したてまつって、安楽の浄土に生まれようと願います。私は真実の功徳が説かれている経典にもとずいて、本願をたたえ、歌(偈)をつくり、み仏の教えに応えようとしました」

*『仏説無量寿経』には、次のように説かれている。これは、*康僧鎧《こうそうがい》三蔵の訳によるものである。

「〃私(釈尊)の滅後に、二度と教えを疑ってはならぬ。未来において、経典も仏道も滅びてしまうとも、私は慈悲をもって、とくにこの経をこの世にとどめ、百年間存続せしめるであろう。人びとが、この経に出会えば、心にいだく願いにしたがって、すべてが悟りを得るであろう〃と。釈尊は弥勒菩薩に語りたもうて、〃み仏が世にいでたもうても、同時に生まれて、会いたてまつることはむつかしい。み仏たちの教典も仏道も、得がたく聞きがたい。菩薩の勝れた教えや、さまざまな行を学ぶこともまたむつかしい。よき師に会って教えを聞き、よく行じることもまた困難であるとされる。この経典を聞いて、信じて心に保つことは難中の難であって、これにすぎる難事はないであろう。それゆえに、私はこのように仏となって、このように一切の教典を説き、このように念仏を教えたのである。これに正しく信じて従い、教えにふさわしく修行せよ」と。

『大無量寿経』の別訳『無量寿如来会《え》』には、次のように説かれている。*菩提流支《るし》三蔵の訳によるものである。「弥陀の勝れた智慧は、虚空にあまねく満ちている。弥陀が説かれた正しい教えを悟るのは、ただみ仏たちだけである。それゆえに、ひろく弥陀の浄土について聞き、仏の教えの真実の言葉を信じるべきである」と。

『大無量寿経』のいまひとつの別訳『無量清浄平等覚経』には、次のように説かれている。*帛延《はくえん》三蔵の訳によるものである。「何ものにもまさって速かに導きたもう弥陀のお力によって、ただちに安楽の浄土にいたれ。その上は弥陀の限りない光が照らしたもう仏国土にいたって、無数の仏を供養したてまつれ」と。

『大無量寿経』のいまひとつの別訳『諸仏阿弥陀三耶三仏薩楼《さる》仏檀過度人道経』には、次のように説かれている。*支謙《しけん》三蔵の訳によるものである。

「私（釈尊）がこの世を去って後、*千年間、経典をとどめよう。千年の後に、経典は滅びよう。私はしかし、すべての衆生をいつくしみ哀れむ。それゆえに、ことにこの経のみをとどめて、なお百年間存続せしめよう。百年ののちには、この数えも滅びよう。しかしいままさに滅びようとしている時にも、心に願いをいだけば、すべての者が悟りを得るであろう」と。〈略出〉

*元照律師の『阿弥陀経義疏』には、次のように説かれている。大智律師のことである。「『首楞厳経』の『勢至《せいし》章』には、〃全宇宙の諸仏が衆生を憐れんでおられるのは、母が子を思うようである〃と説かれている。また『大智度論』には、〃たとえばもしも魚の母が子を思わなければ、子はただちに腐爛してしまうのにひとしい〃と説かれている。阿耨多羅《あのくたら》はここでは無上と訳する。三藐《さんみゃく》は正等という意味である。三菩提は正覚という意味である。すなわち、阿耨多羅三藐三菩提は、無上の悟りの呼び名である。あさはかな凡夫は、業の惑いに束縛されて、百千万劫の長きにわたって迷いの世界を流転する。しかし、たちまちに浄土の教えを聞き、そこに生まれようと願うとしよう。一日でも『南無阿弥陀仏』ととなえれば、ただちにかの浄土へ超えゆくのである。諸仏が念仏者を護って、たちどころに悟りを開かせてくださされるのである。よくよく思うべきである。万劫の長きにわたって迷いの世界を流転しようと、この教えには会いがたい。私たちは千度人間の生をうけてようやく一度、弥陀の誓願に会うことができたのである。今日か

らは未来をつくして、いずこにいようと弥陀の慈悲を讃え、衆生を導くのである。そうすれば、自分がどのような人間であろうと、説く相手がどのような人間であろうと、すべての者が阿弥陀仏と等しい悟りを得るのである。この確信は無究である。ただ、仏よ、明らかに知りたまえ。このあと『阿弥陀経』の〃*このゆえに〃以下では三度《みたび》信が勧《すす》められている。〃私の言葉を信じる〃というのは、この教えを信じるということである。信じない者は、全宇宙の諸仏を信じないことにひとしい。どうして、み仏たちすべてのことばが虚妄でありえよう」と。〈略出〉

建長七年乙卯八月二十七日これを書く。

愚禿親鸞　八十三歳

愚禿鈔　下

賢者の信を聞いて、愚禿なる私の心をあらわす。
賢者の信は、内は賢であって外は愚である。
愚禿の心は、内は愚であって外は賢である。

唐の光明寺の善導和尚の『観経疏』（散善義）には、次のように説かれている。
まず、「『観無量寿経』の*上品上生《じょうぼんじょうしょう》の位について、〈中略〉第一には、〝釈尊は阿難および韋提希《いだいけ》に告げたもう〟以下の文は、二つの事柄を明らかにしている。一つはみ仏の真実の言葉であるということ、いま一つは上品上生の位につくのはどのような人かということである。これは、大乗仏教の最高の善を学び修める凡夫である。第二には、〝もし衆生あって〟から〝ただちに（即便）往生にいたる〟までの一文は、まさに全体で、浄土に生まれ出るものの種類を明らかにしている。そこには四つの事柄が述べられているのであって、一つには、よく信じる人、二つには往生を願い求めること、三つには発心にはいくつあるか、四つには往生の利益が明らかにされている。第三には、〃何をもって三とする〃から〃必ずかの国に生まれる〃までの文は、まさに、発心には三種の心があることを判定して、それが往生の正しい原因であることを明らかにしている。そこには二つの事柄が述べられている。一つには、釈尊は衆生の器にしたがって往生浄土の利益をさまざまに説いておられるのであるが、その真意は深く、私たちには知られがたい。釈尊が、私がなぜこのように説くのであるかとみずから問い、みずから意味を明らかにされるのでなければ、真意を理解できないことを明らかにしている。二つには、釈尊がそれゆえに、ふたたびみずから、この三心について答えておられることを明らかにしている。そこで『観無量寿経』には、〃三心の一つは至誠心である〃とのたまわれている。この『至』とは真であり、『誠』とは実の意味である。私(善導)はこの至誠心については、すべての者が、身と口と心でもって行うあらゆる学行にかんして、かならず弥陀が真実心のうちでなされた修行をいただく必要があることを、明らかにしようと思う。人間はすべて、自分の心に虚仮《こけ》をいだいている。それゆえに、外に賢者・善人・精励者の相《すがた》をあらわしてはならぬ。私たちは、貪《むさぼ》り瞋《いか》る者であり、邪《よこし》まであり、偽りであり、奸佞《かんねい》であって、詐欺を行い、あらゆる行為にわたって悪なる性質をあらわさないことがない。この意味では、蛇にも蝎《さそり》にも等しい存在である。いかなる善行をしようと、毒まじりの善と名づけるのである。また、虚仮の行とも名づけるのである。真実の行とは名づけない。たとえこのような者が仏道修行をつとめて、一日中身も心も苦しげに駆りたてて、四六時中、頭上に燃える炎を払うがように動きまわっていても、凡夫のおこないはすべて毒まじりの善と名づける。この毒まじりの善をささげて、かの浄土に往生しようとしても、断じて不可能である。なんとなれば、まさにかの阿弥陀仏は法蔵菩薩として修行を続けておられた時には、その身と口と心によるすべての行いを、一瞬一瞬、真実なる心をこめて行じておられたゆえである。その果報として造りたまえる浄土に、私たちの毒まじりの善をささげて、往生できるはずはないのである。私たちは弥陀の廻向によって、浄土を願い求める心を起こさしめられている。それゆえにすべてが真実である。この真実ということには、また二種類がある。一つには自力（自利）の真実であり、二つには他力（利他）の真実である」と。

他力の真実については、また二種類がある。

一つには、「私たちは弥陀の廻向によって、浄土を願い求める心を起こさしめられている。それゆえに真実である」ということである。

二つには、「そなたらが悪を捨てようと望むのであれば、かならず弥陀が悪を捨てて修行したもうた、その真実心をいただけ。またもし善をなそうと望むのであれば、かならず弥陀が善を修行したもうた、その真実心をいただけ。仏教徒も外道も賢者も愚者も、すべて弥陀の真実心をいただくゆえに、至誠心と名づける」ということである。

「自力の真実というのは、また二種類がある。一つには、おのれが真実心をいだいて、自他の悪や穢土《えど》を捨てる時は、一切の菩薩が諸悪を捨てたもうたように、自分もまたそのようにしようと思え、ということである。二つにはおのれが真実心をいだいて、自他および凡人聖者のあらゆる善行につとめよ、ということである。おのれが真実心をいだいて、口でする行としては、かの阿弥陀仏および、浄土と諸菩薩を讃嘆せよ、ということである。またおのれが真実心をいだいて、口でする行としては、迷いの世界に流転する自分や他人とその世界の苦を嫌い、すべての者の善行をたたえよ、善行でないものはつつしんでこれを遠ざかれ、喜んではならぬ、ということである。また、おのれが真実心をいだいて、体でする行としては、合掌し礼拝し、食事、衣服、寝具、湯薬などでもって、かの阿弥陀仏および、浄土と諸菩薩とを供養したてまつれ、ということである。また、おのれが真実心をいだいて、体でする行としては、この迷いの世界に住む自分や他人や、環境のすべてを軽んじて厭い捨てよ、ということである。また、おのれが真実心をいだいて、心でする行としては、かの阿弥陀仏および浄土と、諸菩薩とについて思いをいたし、観察し憶念して目の前におわしますかのようにせよ、ということである。また、おのれが真実心をいだいて、心でする行としてはこの迷いの世界に住む自分や他人や、環境のすべてを軽んじいやしめ、厭い捨てよ、ということである」とされている。「一つには至誠心」というのは、「至」とは真であり、「誠」とは実である。すなわち、真実という意味である。

真実心をいだいて悟りを求めることには二つの道がある。

一つには、自力の真実心をいだいてする仏道であって、難行道、聖道門、竪超《じゅちょう》〈即身是仏・即身成仏〉という自力の道である。竪出《じゅしゅつ》〈自力のなかの漸教であって、なん劫年にもわたって修行をつづけること〉でもある。

二つには、他力の真実心をいただいてする仏道であって、易行道、浄土門、横超〈如来の誓願という他力に収めとっていただくことである〉。横出〈他力のなかの自力であって、弥陀に帰依しながらも定善や散善の諸行を行うこと〉でもある。

自力の真実心をいだいてする仏道には、また二つの道がある。

一つには、この世を真実厭《いと》い離れようとすることであり、聖道門、難行道、竪出、自力である。竪出とは難行道の教えであり、この世を厭い離れようとすることを根本とする。厭離《おんり》とは、自分の力でもって、迷いの世界を超えでることができると思っている、自力の心であるゆえである。

二つには、浄土を真実願い求めることであり、浄土門、易行道、横出、他力である。横出とは易行道の教えである。願い求めることを根本とする。何となれば、私たちが浄土を願い求めるとは、弥陀の誓願のお力によって、迷いの世界を厭い捨てせしめられるからである。

また、横出の真実心をいだいてする仏道についていては、また三種類がある。

一つには、口でもって浄土を真実願い求めることと、口でもってこの世を真実厭い離れようとすることである。

二つには、体でもって浄土を真実願い求めることと、体でもってこの世を真実厭い離れようとすることである。

三つには、心でもって浄土を真実願い求めることと、心でもってこの世を真実厭い離れようとすることである。

さきの宗師善導和尚の自力の真実についての文章にかんして言えば、「〝一つにはおのれが真実心をいだいて〟から〝自他および凡人聖者のあらゆる善行につとめよ〟までは、厭離を先とし、浄土の求願を後としている。これは、難行道・自力・竪出の意味である。〝おのれが真実心をいだいて、口でする行として〟から〝自分や他人や、環境のすべてを厭い捨てよ〃にいたるまでは、易行道・他力・横出について説いておられるのである」

ついで善導和尚は「三心の二つめは深心《じんしん》である」として、「深心とは深く信じる心である。これにはまた二種類がある。一つには〃心を決して（決定）自分は現に迷いの世界を流転する凡夫であり、無限の過去よりこのかた、つねに沈み、常に流されて、迷いから離れでる手がかりがない〃と深く信じよ、ということである。二つには〃心を決して（決定）かの阿弥陀仏の四十八願が、衆生を極楽浄土に収めとりたもうことは疑いない、それゆえにためらうことなく、かの弥陀の願力に乗っておまかせすれば、かならず往生を得る〃と深く信じよ、ということである」と説かれている。

この深信が、他力の極致の金剛心であり、すべての者とともに悟りをひらく、無上真実の信心の海である。

善導和尚はこの深心についての解釈の中で、深信については七つの深信があり、六つの決定があると説いておられる。

七つの深信とは、

第一の深信は、決定して自分が迷える身であると深く信じることであり、これは自*力の信心である。

第二の深信は、決定してかの弥陀の願力を深く信じることであり、これが他力の信心の海にひたることである。

第三には、決定して『観無量寿経』を深く信じることである。

第四には、決定して『阿弥陀経』を深く信じることである。

第五には、ひたすら釈尊のみ言葉を信じて、決定して「南無阿弥陀仏」ととなえることである。

第六*には、この『観無量寿経』のみを深く信じることである。

第七には、また深心とは深く信じることであるというのは、決定しておのれの信心を確立せよ、ということである。

六つの決定とは、右の七つの深信に六度でてくる決心のことである。

七つの深信のうちの第五*の、「ひたすら釈尊のみ言葉を信じて」を説明する文章の中には、三つの遣《けん》・三つの随順・三つの是名《ぜみょう》がある。

三つの遣とは、

一つには、釈尊が捨てよと命じられた自力の行を自分も捨てることである。

二つには、釈尊が行ぜよと命じられた念仏行を自分も行じることである。

三つには、釈尊が離れよと命じられたこの悪世界を自分も離れて往生することである。

三つの随順とは、
一つには、〃これ（是）を釈尊の教えに随順すると名づける〃ということである。

二つには、〃全宇宙の諸仏が証明したもうみ心に随順すると名づける〃ということである。

三つには、〃これ（是）を弥陀の本願に随順すると名づける〃ということである。

善導和尚の説く三つの是名（これを名づける）とは、一つは、〃これ（是）を真の仏弟子と名づける〃ということである。この是名と、右の三つの随順にある二つの是名と合わせて三是名となるのである。

七つの深信のうちの第六にある「この『観無量寿経』のみを深く信じる」という文章の説明のなかに、六つの即・三つの印・三つの無・六つの正・二つの了がある。

六つの即とは、
一つには、何事であれ釈尊のみ心にかなえば、そくざに（即）その正しさを証明（印可）して、そうである（如是如是）とのたもう。

二つには、もしみ心にかなわなければ、そくざに（即）「おまえたちの説くところは正しくない」とのたもう。

三つには、み仏が印可されないものは、すなわち（即）無意味（無記）・無利・無益の言葉にひとしい、ということである。

四つには、釈尊が印可したもうとは、すなわち（即）釈尊の正しい教えにしたがっていることである。

五つには、釈尊が説きたもうた言葉は、すなわち（即）正しい教えである。

六つには、釈尊が説きたもうたところは、すなわち（即）完全な教え（了教）である。

三つの印とは右の六つの即の中の第一にある即印可、第三にある不印可、第四にある仏印可である。

三つの無とは、右の六つの即の第三にあって、一つには無記、二つには無利、三つには無益である。

六つの正とは、一つには正しい教え、二つには正しいお説き明かし、三つには正しい行い、四つには正しいご了解、五つには正しいみ業《わざ》、六つには正しい智慧である。

二つの了とは、
一つには、釈尊がお説きになったものは、すべて了教（完全明瞭なる教え）である。

二つには、菩薩などの所説はすべて不了教（不完全不明瞭なる教え）と名づけるのである。

よく知るべきである。

七つの深信のうちの第七の「また深心とは深く信じることとである」以下の「決定して

おのれの信心を確立せよ」を説明する文章の中には、二つの別・三つの異・一つの問答がある。

二つの別とは、一つには大乗仏教の中の本来の教えとはことなる解釈（別解）、二つには大乗仏教の中の本来の修行とはことなる行（別行）である。

三異とは、一つには大乗仏教以外の教えを学ぶこと（異学）、二つには大乗仏教以外の見解をいだくこと（異見）、三つには大乗仏教以外の救いに執着すること（異執）である。

*一つの問答のなかに四つの別、四つの信がある。

四つの別とは、一つには釈尊がもろもろの経を説きたもうた場所に相違があること（所別）、二つには、同じくその時刻に相違があること（時別）、三つには、同じくその相手に相違があること（対機別）、四つには、同じくその利益に相違があること（利益別）である。

四つの信とは、

一つには、かならず往生できると信じること。〈凡夫の疑いが克服された結果えられる信心である〉

二つには、その信心は清浄であると信じること。〈煩悩を断じきっていない修行者たちの疑いが克服された結果えられる信心である〉

三つには、その信心は無上であると信じること。〈煩悩を断じきった修行者たちの疑いが克服された結果えられる信心である〉

四つには、絶対にふたたび疑い迷う心を起こさないことである〈たとえ、もろもろの報身のみ仏や化身のみ仏が、念仏による往生を論難したもうとも、信じつづけることである〉。

右の四つの信の第三の、無上の信心を説明する文章の中には、五つの実、二つの異がある。

五つの実とは、一つには、浄土の教えを説きたもう釈尊のみ言葉は、真実・完全である。二つには、釈尊は真実の智恵をもちたもう。三つには、すべてを真実に了解したもう。四つには、すべてを真実に洞察したもう。五つには、すべてを真実に悟りたもう。

二つの異とは、一つには、菩薩たちの釈尊とは異なる見解である。二つには、異なる解釈である。

報身・化身の二仏が、たとえ念仏往生を論難したもうとも、という事柄にかんしては、善導和尚は、『阿弥陀経』にもとずき、二つの専、四つの同、二つの所化《しょけ》、二つの同、三つの所をあげて、念仏往生を信じよとすすめておられる。

二つの専とは、一つにはもっぱら念仏のみをとなえること、二つにはもっぱら念仏行を修めることであり、この修行はのちに述べられる五正行である。

四つの同とは、一つには念仏往生を等しくたたえ、二つには等しく勧め、三つには等しく証明し、四つには、すべての仏の大悲が、弥陀と同一であることである。

二つの所化とは、一つには、お一方のみ仏の教化（所化）は、あらゆるみ仏の教化であり、二つには、あらゆるみ仏の教化は、お一方のみ仏の教化である、ということである。

六つの悪とは、一つには悪なる時代、二つには悪なる世界、三つには悪なる衆生、四つには悪なる見解、五つには悪なる煩悩、六つには邪悪なる無信が盛んになる時である。

二つの同とは、一つには、全宇宙のみ仏が心を同じうして、念仏往生の正しさを証明したもうことであり、二つには、み仏たちが同時に舌相をだして、そのことを証明したもうことである。

*三つの所とは、一つには釈尊が『阿弥陀経』に説きたもう所であり、二つにはこの『経』で念仏往生を讃えたもう所のものであり、三つには、その正しさを証明したもう所のものである。

釈尊一仏の説きたもう所は、あらゆるみ仏が心と言葉を同じうして証明したもうのである。このように信じることを「釈尊の教えであるゆえに信じる（人《にん》について信を立てる）」と名づけるのである。よく知るべきである。

つぎに、「この修行によって必ず悟りがひらけると信じること（行について信を立てる）」にかんしては、行に二種類がある。

一つには弥陀一仏にたいする行（正行《しょうぎょう》）であり、二つにはもろもろの行をとりまぜて修めること（雑行《ぞうぎょう》）である。

正行については、五つの正行・六つの一心・六つの専修《せんじゅ》がある。

五つの正行とは、一つには、一心にもっぱら浄土三部経を読誦することであり、二つには、一心にもっぱら弥陀と浄土を観想することであり、三つには、一心にもっぱら弥陀を礼拝することであり、四つには、一心にもっぱら「南無阿弥陀仏」ととなえることであり、五つには、一心にもっぱら弥陀をほめたたえ、香華などを供えることである。

また、この五つの正行のなかに、また二種類がある。

一つには、第四の、一心にもっぱら「南無阿弥陀仏」ととなえることであり、これを正しく極楽往生が定まるための業（正定《しょうじょう》の業）と名づけるのである。

二つには、第四以外の礼拝や読誦などを行うのは、第四の念仏行のかたわらの業（助業）と名づける、ということである。

六つの一心とは、右の五正行と一正定業とをそれぞれ一心に行うことである。

六つの専修とは、同様に右の六つを、それぞれもっぱら修めることである。

また、正・雑の二行については、それぞれにまた二行がある。

一つには定行《じょうぎょう》（精神を統一して行う行）であり、二つには散行《さんぎょう》（日常の散り乱れた心で行う行）である。

また、正・雑については、また二種類がある。

一つには念仏（み仏の名をとなえること）の正雑であり、二つには観仏（み仏を観想すること）の正雑である。

すなわち、念仏には正雑の二種類がある。

一つには弥陀の名をとなえること（正の念仏）であり、二つには法身・報身・応身・化身の諸仏の名をとなえること（雑の念仏）である。

また、弥陀の名をとなえることについては二種類がある。

一つには正行定心念仏であり、二つには正行散心念仏である。

右の定・散の念仏、これはいずれも自力でとなえる念仏であるゆえに、浄土の真門*と言うのである。また、一向専修と名づけるのである。よく知るべきである。

また、諸仏の名をとなえること（雑の念仏）については二種類がある。

一つには雑行定心念仏であり、二つには雑行散心念仏である。

右の定・散の念仏、これが雑行のなかの専行であると知るべきである。

また、み仏の観想について、また二種類がある。

一つには正の観仏（阿弥陀仏を観想する）であり、二つには雑の観仏（他のみ仏をも観想する）である。

また、正の観仏については、また二種類がある。

一つには弥陀の浄土を直接観想すること（真観）であり、二つには真観のために現実世界の夕陽や水を観想して心をととのえること（仮観）である。

右の真・仮をあわせて、十三の観想がある。

*日想、*水想（以上が仮観）、*地想、*宝樹想、宝池、宝楼、*華座《けざ》、*像想、*真観、*観音、*勢至、*普観、*雑観（以上が真観）

また、正行の中の散行については四種類がある。

読誦、礼拝、讃嘆、供養である。

これまで述べてきた定・散の六種の仏道修行をすべて行うゆえに、雑修というのである。これを先にのべた正定の業に対する助業と名づけるのである。これらはいずれも自力修行であるゆえに、私たちが浄土へおもむくための方便仮門（方便の仮りの法門）と名づけるのである。また、浄土の要門と名づけるのである。よく知るべきである。

また、雑の観仏の仕方については二種類がある〈それぞれに真・仮がある〉。

一つには姿なき真理そのものを観想すること〈無想離念〉であり、二つには形ある諸仏とその仏国土とを観想すること（立相住心）である。

また、雑行の中の散行については、三つの功徳のつみ方（三福）がある。

一つには、父母に孝養し、師と年長者に仕え、慈心をいだいて殺さず、*十善行を修めることである。

二つには、仏・法・僧の三宝を受持し、もろもろの戒律を保ち、僧としての威儀を保つことである。

三つには、悟りを得ようと願い、因果の理法を深く信じ、大乗教典を読誦し、世俗の人びとに仏道をすすめることである。

これまで述べた定・散の諸善行のことごとくを、雑行と名づけるのである。六種類の正行にたいして、六種類の雑行があるのである。

どうして「雑行」と言うかといえば、これらの中には、人間や天人や菩薩などの自力の了解と修行がまざっているゆえに雑と言うのである。これらの行はもとより、私たちが浄土へおもむく原因となる行為ではない。これを、自力で浄土に生まれようと願いを起こしておこなう行（発願の行）と名づける。また、おのれの善行を弥陀にささげて往生しようとする行（廻心の行）と名づけるのである。それゆえに、浄土におもむくための雑行と名づけるのである。さきの雑修と同じく、これをも浄土の方便仮門と名づけるのである。また、浄土の要門と名づけるのである。およそ聖道・浄土いずれの門においても、正・雑の定・散の行は、すべて廻心の行であると知るべきである。

善導和尚は、「三心の三つめは廻向発願心である」と説いておられる。この廻向発願心というのは、二種類がある。

一つには、私たちが過去世と現世においてなしたすべての善行を、真実の深い信心をいだいて弥陀にささげ（自力を廻向して）、かの浄土に生まれようと願うことである。

二つには、廻向発願してかならず真実報土に生まれる者（廻向発願生者）はだれもが、弥陀が真実心をこめて私たちに廻向したもうておられる（他力の廻向）本願をいただいて、かの浄土に生まれようという心が定まる、ということである。

廻向発願生者について言えば、この人にはかならず他力の信心がある。

他力の信心とは、弥陀の本願をいただいて浄土に生まれる心が定まる、ということである。この心が深く信じている（深心）さまは、まさに金剛のようである、ということである。

この深信について説かれている文章の中には、一つの譬喩・二つの異・二つの別・一つの問答・二つの廻向がある。

一つの譬喩とは、この心が深信するさまはまさに金剛のようであるというたとえである。

二つの異とは、一つには大乗仏教以外の見解をいだくこと（異見）であり、二つには大乗仏教以外の教えを学ぶこと（異学）である。

二つの別とは、一つには大乗仏教の中の本来の教えとはことなる解釈（別解）、二つには大乗仏教の中の本来の修行とはことなる行（別行）である。

一つの問答の中には、七つの悪、六つの譬《たとえ》・二つの門・四つの有縁《うえん》・二つの所求《しょぐ》・二つの所愛・二つの欲学・二つの必がある。

七つの悪とは、

一つには*十悪、二つには*五逆、三つには*四重《しじゅう》、四つには破戒、五つには破見（正しい見解を破る者）、六つには謗法《ほうぼう》（仏法を誹謗する者）、七つには闡提《せんだい》（仏法に無縁な者）である。

*六つの*譬《たとえ》とは、

一つには明能破闇《みょうのうはあん》（明はよく闇を破る）、二つには空能含有《くのうがんう》（空はよく有をふくむ）、三つには地能載養《じのうさいよう》（大地はよく生きものをささえて養う）、四つには水能生潤《すいのうしょうにん》（水はよく生きものを生じて潤おす）、五つには火能成壊《かのうじょうえ》（火はよく生きものを育てかつ焼きほろぼす）、六つには二河〈水の河と火の河〉のたとえである。

二つの門とは、

一つには、随出一門であって、縁に随《したが》って煩悩の一門を出る、ということである。

二つには、随入一門であって、縁に随《したが》って悟りの智慧の一門に入る、ということである。

四つの有縁とは、

一つには、「あなたはどうして、念仏する私に、それ以外の、私に無縁な修行をすすめて、惑わせるのですか」ということである。

二つには、「しかし私は念仏を有り難く思っております（所愛）。念仏に縁があるからです。念仏はあなたが求めておられるもの（所求）ではないのです」ということである。

三つには、「あなたがたの所愛が、あなたがたに有縁の行なのです。私の所求ではないのです。それゆえに、あなたがたも私も、それぞれの好むところにしたがってその修行をすれば、かならず速やかに悟りを開くことでしょう」ということである。

四つには、結論として、行を学ぼうと思えば、かならず自分が有縁の教えによれ。わずかな労苦で、大いなる利益を得るであろう、ということである。

二つの所求とは、右の文中に述べられているとおりである。

二つの所愛とは、右の文中に述べられているとおりである。

二つの欲学とは、

一つには、仏道を行じる者はまさに知るべきである。学を志す（欲学）だけであれば、在家のための教えも、出家のための教えも、悟りそのものについての教えも、すべて障害なく学ぶことはできる、ということである。

二つには、しかし、行を学ぼうと志す（欲学）のであれば、かならず有縁の教えによれ、ということである。

二つの必とは、四つの有縁の第三と二つの欲学の第二にある「かならず」であって、悟りを得られることの確証である。

この深信のなかについて、二つの廻向というのは、

一つには、往相の廻向であって、弥陀の本願をいただいて浄土に生まれる心が定まることである。それゆえに、廻向発願心と名づけるのである。

二つには還相の廻向であって、かの浄土に生まれ終わったあとで、ひるがえって衆生を救おうとする大慈悲心を起こし、ふたたび迷いの世界に廻《かえ》り入って衆生を教化することである。これもまた廻向と名づけるのである。

善導和尚はこの「廻向発願心」にかんして、「二河白道《びゃくどう》」という譬喩《ひゆ》を用いておられる。それでもって信心をもつ者を守護し、外道や邪道や異端からの論難を防ごうとしておられるのである。「火の河と水の河の間にある一筋の白道は、東の岸より西の岸にいたるまで、長さは百歩である」と言われていて、

この「百歩」とは、人間の寿命が百歳であることのたとえである。

また、東岸にあって、念仏行者にせまってくる「群賊悪獣」の「群賊」とは、これま

で述べてきた別解別行《べつげべつぎょう》・異見異執・悪見邪心・定散自力の心のたとえである。そして「悪獣」とは、迷える煩悩にみちる人身*そのもののたとえである。

そして東岸にあって「つねに悪友にしたがう」というのは、悪友は善友に対立する存在である。毒まじりの善行をおこなう虚仮の人のたとえである。「無人空過《むにんくうこう》の沢（無人の荒野）」というのは、私たちがつねに悪友に親しんでいるということである。それは人無きにひとしく、真の善知識（善き指導者）に会わない、ということである。

この「真」の言葉は仮と偽に対立している。「善知識」は悪知識に対立する言葉である。

それゆえに真の善知識とは、正しい教えをとく善知識、真実の教えをとく善知識、釈尊が是認したもう教えをとく善知識、善き教えをとく善知識、すなわち善性の人である。

悪知識とは、みかけの善知識であって、仮りの教えをとく善知識、偽りの教えをとく善知識、邪《よこし》まな教えをとく善知識、虚しい教えをとく善知識、釈尊が否認したもう教えをとく善知識、悪なる教えをとく善知識、すなわち悪性の人である。

「水と火の間に通じる一筋の白道の幅が四、五寸である」という喩の中で、「白道*」の白という言葉は黒に対立している。「道」という言葉は路に対立している。その白とは、自力定・散の善行である。これは自力小善の路である。黒とは地獄・餓鬼・畜生道などに堕ちる暗黒の悪道である。「四、五寸」の「四」の言葉は、毒蛇のごとき*四大のたとえである。「五」の言葉は、悪獣のごとき*五陰のたとえである。

「よく浄土に生まれうる清浄なる往生を願う心」というのは、無上の信心・金剛の真心を起こすことを言うのである。これは、阿弥陀仏が私たちに廻向してくだされている、喜ばしき信心である。

「あるいは一分《いちぶ》か二分、白道をわたる」というのは、歳月のたとえである。

「悪なる見解を有する人など」というのは、傲慢・怠惰・邪見・疑心の人のことである。

また、「西の岸辺に人があって、呼ばわって言った。おまえ、一心に正しく念仏して、すぐに渡って来い。私がおまえをよく護ってやろう」という喩の中で、「西の岸辺に人があって、呼ばわって言った」というのは、阿弥陀仏の誓願である。「おまえ」とは念仏行者である。これを、かならず往生が定まっている菩薩と名づけるのである。龍樹大士の『十住《じゅうじゅう》毘婆娑論《びばしゃろん》』には、「ただちにかならず往生決定の位に入る」とある。曇鸞菩薩の『浄土論註』には、「正定聚の数に入る」と言われている。善導和尚は、「この念仏者が希有人である。最勝人である。妙好人である。好人である。上上人である。真の仏弟子である」と仰せられている。「一心」の言葉は、弥陀が廻向したもう絶対他力の真実の信心のことである。「正しく念仏して（正念）」の言葉は、弥陀が選択したもうた、すべての者を収めとりたもう本願をいただくということである。これこそが、この世にまれな無上の行である。金剛のように壊れることのない信心である。また、「すぐに（直）」の言葉は廻と迂に対立している。また、この「直」の言葉は、方便仮門を捨てて弥陀の大願の他力に帰依することを言うのである。釈尊をはじめ、もろもろのみ仏が世に出でたもうて真実を直接お説きになった教えであることをあらわそうと思し召されて、「直」という言葉を用いておられるのである。「来」の言葉は、東岸におわします釈尊が、私たちに、この穢土を「去」って、西岸の浄土へ「往」けとすすめておられるのに対応している。弥陀が造りたもうた真実報土に還り来さしめようとの思し召しである。私（我）の言葉は、阿弥陀仏を指している。尽十方無礙光如来であり、不可思議光仏である。「よく（能）」の言葉は、白道をわたることをたじろぐ、弥陀の慈悲を疑う人にたいして「私がよく」と言っておられるのである。「護《まもる》」の言葉は、弥陀が成仏して浄土をつくりたもうたことの、真意をあらわしている。また、誰をも浄土に収めとって捨てられないことをあらわしている、弥陀の貌《かんばせ》にひとしいみ言葉である。すなわち、弥陀が念仏する者を、この世で護っていてくださることを言うのである。

「一心に道を念じて（念道）」という言葉は、弥陀の他力の白道を思えということである。「慶楽」の「慶」の言葉は、釈尊も弥陀も念仏者みずからも、「よかった」と思うことである。往生を得た喜びをいうのである。「楽」の言葉は悦喜であり、歓喜踊躍の意味である。

「釈尊がすすめ教えて、西方浄土にむかえと仰せられる、その仰せをこうむる」というのは順（したがうこと）である。また、「弥陀の大悲の心が招いて喚びたもうことにしたがう」というのは信である。私たちがいま、釈迦・弥陀二尊のおん心に信順して、身にせまる水火の二河をかえりみず、一瞬たりとも忘れることなく、弥陀の本願力の道に乗っていくことを教えられているのである。

善導和尚の「至誠心」以下三心のみ教えを仰げば、ここには、難対易、彼対此、去対来、毒対薬、内対外の五種類の対比が見受けられる。

難対易とは往生の難易の対比である。難は、私たちの身と口と心でもって善を修めるという、自力不真実の心である。易は、弥陀の本願力が私たちに廻向してくだされている他力真実の信心である。

彼対此の、彼は極楽浄土である。此はこの穢土《えど》である。

去対来の、去は釈迦仏の、この穢土を去れとのみ言葉である。来は弥陀仏の、この浄土へ来いとのみ言葉である。

毒対薬の、毒は人の世の善悪にとらわれる雑心《ざっしん》である。薬は純一の、もっぱら弥陀の本願に帰依する心である。

内対外ということは、内は外道に帰依しながら、外には仏に帰依する姿を示していることである。内は聖道を求めながら、外には浄土を願う姿を示していることである。内に往生を疑いながら、外には信心の姿を示していることである。内は悪性でありながら、外には善性を現わしていることである。内は邪でありながら、外は正であるということである。内は虚であり、外は実である。内は非であり、外は是である。内は偽であり、外は真である。内は雑心でありながら、外には純一専心を示していることである。内は愚であり、外は賢である。内は仮であり、外は真である。内はたじろいでいながら、外には白道を進むふりをしている。内では教えを疎《うと》じながら、外には親しむふりを示すことである。内は弥陀から遠ざかりながら、外には近くで仰ぎみる姿を示すことである。内は雑行雑修を好みながら、外には直《ただ》ちに本願に帰依する姿を示すことである。内は教えに違《たが》いながら、外では合一していることである。内は教えを裏切りながら、外では順っていることである。内は軽心であり、外は重心である。内は浅心であり、外は深心である。内は自力の苦行に執着しながら、外には他力の信楽を得ている姿を示すことであは自力の信と行とを好みつつ、外では他力の信心をいただいている姿を示すことである。すなわち、内である。内では信心が持続しないのに、外には持続の姿を示すことである。内は念仏に対して怠惰でありながら、外には精励の姿を示すことでを示すことである。内は他人の論難に怯えて弱いのに、外には強剛な姿る。内は毒であり、外は薬である。

およそ信心については、二種類の三心がある。

一つには自力の三心であり、二つには他力の三信である。

また、二種類の往生の仕方がある。

一つには即*往生であり、二つには便*往生である。

『観無量寿経』に説かれている三心の往生の意味を私に思いはかれば、これは、もろもろの器に応じた自力の三心である。しかしながら『大無量寿経』に説かれている三信に衆生を帰入させようがための方便の三心である。あらゆる人びとを勧誘して、三信に通入させるために説かれたのである。三信は金剛の真実心であり、不可思議なる信心の海である。また、「即往生」とは、これは難思議往生であり、真実の報土におもむくことである。「便往生」とは、さまざまな人びとが区別されて入る、自力の行為の果報としての浄土である。胎宮・辺地・懈慢界へおもむく双樹林下往生である。また、難思往生であると知るべきである。

入出二門偈頌

にゅうしゅつにもんげじゅ

「二門偈」或は「往還偈」とも呼ぶ。五念門の行にちなんで信心の徳をあらわした讃歌。すなわち、天親の『浄土論』及び曇鸞の『論註』によって、一心五念・入出二門を挙げ、五念門の行の中、自らさとりに入るための礼拝・讃歎・作願・観察の行も、また他をさとらせるための教化活動に出る廻向の行も、そのすべては、もと法蔵菩薩（阿弥陀仏の因位の名）が行じたもうた所であり、それらの行を私たちのためにめぐみほどこされることによって、生きとし生ける者の救済が成しとげられるのであると説き、その救済の行（はたらき）を私たちの身に頂くのが、一心、即ち信心であるから、五念門の行といい、自利利他といい、入出二門といっても、ことごとく他力廻向の深い意味をあらわしたものにほかならないと述べ、道綽・善導の釈によってこれをたたえたもの。

『無量寿経論』一巻〈元魏天竺の三蔵*菩提留支《ぼだいるし》訳〉
この論は婆藪盤豆菩薩《ばそばんずぼさつ》の造りたまえるもの。
婆藪盤豆は梵語であって、
旧訳には天親とあり、これは誤りである。
新訳には世親とあり、これを正訳とする。
もとは*優婆提舎願生《うばだいしゃがんしょう》の偈《げ》といい、
宗師善導はこれを『浄土論』と名づけたもうた。
この論をまた『往生論』ともいう。
われらが浄土へ赴いてふたたびこの世へ帰りくる「入出」二種類の門は、この論によって開き示された。
世親菩薩は、
大乗経典の*真実の功徳に拠《よ》って、

一心に尽十方
不可思議光如来に帰命したもうた。
何ものにも妨げられぬこの光明とは、弥陀の大慈悲である。
この光明とは、諸仏の智慧の極致でもある。
弥陀の浄土を観想すれば辺も際《きわ》もない。
限りなく広大であって虚空に似ている。
*論註の五には仏法の不思議さが説かれているが、
そのなかの仏土不思議については、
二種の不思議の力がおわします。
いずれも浄土の無上の徳を示していて、
一つには業力であり、
浄土が*法蔵菩薩の大願業力によって造られたもうたことをいう。
二つにはこの菩薩が成仏して弥陀となりたまい、
浄土がこの法王の善力によって保たれていることをいう。
*女人も不具者も*声聞《しょうもん》も*縁覚《えんがく》も、
絶えてこの安楽の浄土に生じない。

弥陀のみもとの清らかな花のごとき聖衆《しょうじゅ》は、
法蔵菩薩の開悟の花より化生*している。
彼らはもとは九*種の品《ほん》に分かれていたが、
いまは異なるところもない。
すべてが念仏のみによって浄土に生まれ、他に道がなかったゆえである。
もろもろの河が海に入れば、一味となるのにこれは等しい。
かの弥陀の本願力を観想すれば、
凡愚の者もこれによって救われ、虚しく生死を流転する者はない。
一心専心に念仏すればすみやかに、
心は弥陀の真実功徳の大宝海となろう。
法*蔵菩薩は五種類の修行の門を入出して、
自利（みずからの救い）と利他（他者を救う）の行を完成したもうた。
菩薩は思議を絶する長年月の修行をへて、
つぎつぎに五種類の修行の門を完成したもうた。
何をか名づけて五念門とするかといえば、
礼拝・讃嘆・作願《さがん》・観察《かんざつ》・廻向の五である。

礼拝とは、菩薩がわが身でもって、み仏を礼拝したもうことである
菩薩はこの行によって弥陀と成りたまい、そのあまねき智慧は、
もろもろの群生《ぐんじょう》をよく巧みに導きたまい、
安楽の浄土に生まれようとする心を起こさしめられる。
すなわちこの礼拝を、第一門に入ると名づける。
またこれを名づけて、悟りに近づく門に入るとする。
讃嘆とは菩薩がわが口でもって、み仏を讃嘆したもうことである。
菩薩はこの行によって弥陀と成りたまい、おんみずからの名の意味にしたがって、衆
生に「南無阿弥陀仏」ととなえせしめられる。
智慧なる光明の相《すがた》によって、
この他力の念仏をとなえせしめようと思し召しておられる。
すなわちこれが無礙光如来の、
すべての者を収めとりたもう選択の本願である。
この讃嘆を名づけて第二門に入るとする。
すなわちわれらも念仏によって、浄土の大衆の数に入り得る。
作願とは菩薩がわが心でもって、つねに弥陀と成ろうと願いたもうことである。

衆生に一心に念仏せしめ、浄土に生まれさせようと願いたもうた。
われらは念仏によって蓮華の咲きみちる世界に入らしめられ、
真実の禅定*を修めしめられる。
この作願を名づけて第三門に入るとする。
またこれを名づけて、悟りの家に入るとする。
観察とは菩薩がわが智慧でもって、つねにみ仏と浄土とを観察したもうことである。
弥陀が衆生に正しく浄土を観察せしめたもうのは、
真理の見方を修行せしめようと思し召されるゆえであり、
われらがかの浄土に到りうればそくざに、
真理の無限の味わいを受用して楽しもう。
この観察を第四門に入ると名づける。
またこれを名づけて、悟りの堂奥《どうおく》に入るとする。
法蔵菩薩の修行の完成というのは、
以上の四種にかんしては、入《にゅう》の功徳を完成したもうとする。
「自利の行、成就したもう」と知るべきである。
法蔵菩薩は第五に、出《しゅつ》の功徳を完成したもう。

菩薩が第五の門を出るというのは廻向である。
菩薩は苦しみ悩むすべての者を捨てたまわず、
われらにたいする廻向を第一として大慈悲心を完成したまい、
われらに功徳をほどこしたもうた。
それゆえにわれらもかの浄土に生まれ終えれば、
すみやかに、禅定をえて真理をみきわめ、
たくみな救済の手段をわが身にそなえて、
ふたたび生死の薗《その》・煩悩の林に帰り入り、
*応化身を示し*神通に遊んで、
衆生を教化する境地にいたって群生を利益する。
すなわちこれを出第五門と名づける。
*薗林《おんりん》遊戯《ゆげ》地門《じもん》に入るのである。
弥陀の本願力の廻向をいただくゆえに、
利他の行が成就すると知るべきである。
無礙光仏は法蔵菩薩の位におられた時、
この弘大なる誓いを起こし、この願をたてたもうた。

菩薩はすでに智慧心を完成し、
何ものにも妨げられぬ巧みな救済の心を完成し、
真理の智慧を楽しむ勝れた真実心を完成し、
すみやかに無上仏道を完成することを得たもうた。
*自利と利他の功徳を完成したもう。
すなわちこれを名づけて、入出門とすると世親菩薩は宣《のたま》われた。

曇鸞《どんらん》和尚　　大厳寺

婆藪盤豆《ばそばんず》菩薩の『浄土論』に、
本師曇鸞和尚が註したもうた。
弥陀の本願力の成就を五念*と名づけ、
この仏の本願力をあらわすためには利他*と言い、
慈悲にあずかる衆生の側からは、他*利と言うがよいと説きたもうた。
まさに知るべきである、曇鸞和尚はいままさに、み仏の本願力についてかくのごとく
に説きたもうた。

＊如実《にょじつ》修行相応とは、
弥陀の名義と光明とをいただくことである。
この信心をもって一心と名づける。
これを得れば煩悩にみちみちる凡夫が、
煩悩を断滅しないで涅槃を得せしめられる。
すなわちこれが安楽の浄土に、自然に収めとられる功徳である。
淤泥華《おでいけ》については『維摩経』に、
高原の陸地に蓮は生じないと説かれている。
低く湿った泥中に蓮華は生じる。
これは凡夫の煩悩の
泥中にあって、仏の悟りの花を生じるにたとえるのである。
これは弥陀の根本の弘大なる誓願であり、
不可思議の力を示している。これによってすなわち、
入出二門を他力と名づけると、曇鸞和尚は宣《のたま》われた。

道綽《どうしゃく》禅師　玄忠寺

道綽和尚は浄土の教えを解釈したまい、
まず世尊は『*大集経《だいじっきょう》』において、末法の世では、
自力の仏道修行をおこなう者の、
一人として悟りを得る者はないと説きたもうたと教えたもうた。
今の世で発心して行を積むのは、
これすなわち聖道であり、自力と名づける。
今は末法であり、*五濁の世である。
ただ浄土門のみが悟りに通じているゆえに、そこへ入れと教えたもうた。
いまの世の衆生が悪を行ない、もろもろの罪をつくるのは、
暴風大雨《だいう》が常に荒れくるうがようである。
弥陀が根本弘大の誓願を起こしたもうて、わが名をとなえさせられるのは、
不浄濁悪《ふじょうじょくあく》の衆生のためである。
それゆえに諸仏もまた極楽浄土をすすめたもうた。
たとえ一生、悪をつくる者たちも、
*三信に相応すれば、これは弥陀の一心である。

一心は厚き心であるゆえに如実と名づける。
凡愚の者がもし浄土に生まれなければ、この道理はあるまい。
われらはかならず安楽国に往生するゆえに、
生死すなわちこれ大涅槃である。
すなわち易行道である。他力と名づけると、道綽和尚は宣《のたま》われた。

善導禅師　光明寺

善導和尚は浄土の教えを理解して、
念仏によって成仏する、これが真実の仏教であると教えたもうた。
すなわちこれを名づけて、すべての者がともに救われる教えの大海とし、
すなわちこれを、悟りをひらくための経典とも名づける。
すなわちこれは完全無欠なる教えである。
すなわちこれは最も速かに悟りを得る教えである。
真実の仏教にあうことはむつかしく、信を得ることもむつかしい。
これにまさる難中の難事はない。

釈迦や諸仏は真実に、
慈悲の父母である。もろもろの
善く巧みな救いの手段をもって、
われらに無上の真実の信を起こさしめたもう。
煩悩にみちみちる凡夫は、
阿弥陀仏の願力によって浄土に収めとられる。
すなわちこの人は、もはや凡夫の仲間ではなく、
人間のなかの白蓮華である。
これを信じる者は最も勝れた希有の人である。
これを信じる者は妙えにうるわしい上上の人である。
安楽の浄土にいたれば、かならず自然に
そくざに悟りの永遠の楽を身に得ると、善導和尚は宣《のたま》うた。
　建長八年丙辰三月二十三日これを書き写す

浄土三経往生文類

じょうどさんぎょうおうじょうもんるい

『三経往生文類』とも略称する。浄土三経、即ち『大経』『観経』『阿弥陀経』に説かれる往生の教説の別を、経論釈を引いて明らかにし、且つその真仮を批判した書。広略の二本がある。

略本は、三種の往生を説いて往相廻向を明かしているが、還相廻向には言及せず、また真実信と真実証との二法を示すが、真実行にはふれていないのに対して、広本には、真実行及び還相廻向のことも述べられている。恐らく略本がまず作られ、これに『往還廻向文類』（『如来二種廻向文解題参照』）を統合整理して広本が成ったようである。

『無量寿大経』に拠《よ》る真実報土往生（大経往生）というのは、阿弥陀如来が選択したもうた根本の誓願であり、すなわち私たちの思議を絶する本願海に入ることである。これを他力と言うのである。これはすなわち、念仏だけによって往生せしめようと説かれている第十八願を原因として、私たちにかならず悟りをひらかしめたもうこの願の果報を得ることである。私たちがいま生きているあいだは正定聚*の位に住んで、死後にかならず真実報土にいたることである。これは阿弥陀仏が往相廻向*（衆生を往生浄土せしめるための廻向）したもうた、真実の原因であるゆえに、私たちはこれによって、無上の涅槃の悟りを開く。これを『大無量寿経』の教えの中心とするのである。それゆえに大経往生と言い、また難思議往生*と言うのである。

この弥陀の往相廻向の中に、私たちが浄土へ参るために必要な、真実の行が定められているのである。すなわち、第十七の諸仏称名の願にあらわれているものである。称名の願は『大無量寿経』（上巻）に、

設我得佛、十方世界無量諸佛、不悉咨嗟称我名者、不取正覚文
（たとえ私が仏になることができるとしても、全宇宙の無数の仏たちがことごとくほめたたえて私の名をとなえなければ、私は仏にならない）

とのたまわれている。

この第十七の称名と、第十八の信楽《しんぎょう》の願とが成就したことを証明する文章としては、『大無量寿経』（下巻）に、

十方恒沙諸佛如来、皆共讃嘆無量寿佛威神功徳不可思議、諸有衆生聞其名号信心歓喜乃至一念、至心廻向、願生彼国、即得往生住不退転。唯除五逆誹謗正法文
（全宇宙におわします*恒河沙《ごうがしゃ》にひとしい無数の仏如来が、すべてともに無量寿仏の偉大なる功徳の不可思議であることを讃嘆したもう。あらゆる衆生がその名号を聞いて、信心して歓喜し、一度でも念仏をとなえたとしよう。無量寿仏はこの名号を、真実心をこめて衆生に廻向したもう。それゆえにかの国に生まれようと願ずれば、そくざに往生を約束されて、もはや退転しない位に住むであろう。ただし、*五逆の大罪を犯した者と、正しい仏法を誹謗する者とはのぞく）

とのたまわれている。

また、往生のためには真実の信心がある。すなわち第十八の、念仏往生の願にあらわ

れているものである。これは信楽の願とも言われるものでもあるが、『大無量寿経』（上巻）には、

設我得仏、十方衆生、至心信楽、欲生我国、乃至十念、若不生者、不取正覚、唯除五逆誹謗正法文

（たとえ私が仏になることができるとしても、全宇宙の衆生が、*私が真実心をこめて廻向する信心を喜んで受けとり、私が造った国に生まれようと欲して、一度でも十度でも念仏するとしよう。そこでもし生まれることができなければ、私は仏にならない。ただ五逆の大罪を犯した者と、正しい仏法を誹謗する者とは除こう）

とのたまわれている。

同じ『大無量寿経』の別訳である『無量寿如来会《むりょうじゅにょらいえ》』（上巻）には、

若我証得無上覚時、余仏刹中諸有情類、聞我名已、所有善根心心廻向、願生我国乃至十念、若不生者、不取菩提。唯除造無間悪業誹謗正法及諸聖人文

（もし私が無上の悟りを証し得たときに、他の仏国土に住むもろもろの生きものが、私の名を聞き終えて、それぞれの善根を心にまかせて廻向し、私が造った国に生まれようと願って、一度でも十度でも念仏するとしよう。そこでもし生まれることができなければ、私は仏にならない。ただし、*無間地獄に堕ちるべき悪業を犯した者

と、正しい仏法およびもろもろの聖人を誹謗する者とは除こう）

とのたまわれている。

また、私たちが往生すれば真実の悟りの果報が得られる。すなわち、第十一の必至滅度の願にあらわれているものである。悟りの果報を与えたもう願については、『大無量寿経』に、

設我得仏、国中人天、不住定聚必至滅度者、不取正覚文

（たとえ私が仏になることができるとしても、私が造った国に住む人間や天人が、定聚に住んでかならず悟りを開くことがなければ、私は仏にならない）

とのたまわれている。

同じ『大無量寿経』の別訳である『無量寿如来会』（上巻）には、

若我成仏、国中有情、若不決定成等正覚証大涅槃者、不取菩提文

（もし私が仏となったときに、私が造った国に住む生きものが、もしもかならず等正覚を成就して、大涅槃を証することがなければ、私は仏にならない）

とのたまわれている。

『無量寿如来会』（下巻）には、

他方仏国所有衆生、聞無量寿如来名号、能発一念浄信歓喜愛楽、所有善根廻向、願

生無量寿国者、随願皆生得不退転乃至無上正等菩提、除五無間誹謗正法及謗聖者

（他方の仏国に住むあらゆる衆生が、無量寿如来の名号を聞いて、よく一度の清浄なる信心を起こして、歓喜し愛楽するとしよう。あらゆる善根を廻向して、無量寿国に生まれようと願えば、その願いにしたがい、すべて生まれて、不退転ないしは無上正等の悟りを得るであろう。五つの無間地獄に堕ちるべき悪業を犯した者と、正しい仏法を誹謗する者と、聖者を誹謗する者とは除こう）

とのたまわれている。

第十一の必至滅度・証大涅槃の願が成就したことを証明する文章としては、『大無量寿経』（下巻）に、

其有衆生生彼国者、皆悉住於正定之聚。所以者何、彼仏国中無諸邪聚及不定聚文

（衆生があって、かの国に生まれる者は、みなことごとく正定の聚に住むであろう。理由は如何となれば、かの仏国の中には、もろもろの*邪聚および*不定聚はいないゆえである）

とのたまわれている。

また『如来会』（下巻）には、

彼国衆生、若当生者、皆悉究竟無上菩提到涅槃処。何以故、若邪定聚及不定聚、不

能了知建立彼因故已上抄要
（かの国の衆生と、これよりかの国に生まれる者とは、みなことごとく無上の悟りの境地をきわめ、涅槃のところにいたるであろう。何をもってのゆえに、邪定聚および不定聚は、かの浄土が建立された由来を、知りえぬゆえである）〈以上要点を抄出〉

とのたまわれている。

この真実の念仏と真実の信楽を得た人は、ただちに正定聚の位に住ましめようと、弥陀は誓いたもうたのである。この正定聚に住む者を、等正覚を成就するとものたまわれているのである。等正覚というのは、すなわち、補処《ふしょ》（み仏の後を継ぐ）の弥勒菩薩と同じ位になると説きたもうている。それゆえに『大無量寿経』には、正定聚は「次如《しにょ》弥勒（弥勒に等しい）」とのたまわれている。

曇鸞《どんらん》大師の『浄土論註』（巻下）には、

荘厳妙声功徳成就者、偈言梵声悟深遠微妙聞十方故。此云何不思議、経言、若人但聞彼国土清浄安楽剋念願生亦得往生、即入正定聚此是国土名字為仏事、安可思議、乃至荘厳眷属功徳成就者、偈言如来浄華衆正覚華化生故、此云何不思議、凡是雑生世界、若胎若卵若湿若化、眷属若干、苦楽万品、以雑業故、彼安楽国土莫非是阿弥陀

如来正覚浄華之所化生、同一念仏無別道故、遠通夫四海之内皆為兄弟也、眷属無量、焉可思議

極楽浄土は、この国名を聞いただけで悟りがひらけるという、妙えなるみ名の功徳でもって荘厳されている。このことは、『浄土論』の偈に「浄土のみ名は微妙であって、全宇宙に聞こえ、聞く者をして深遠なる悟りを開かせる。それゆえに妙声功徳成就という」と歌われている。これがどうして不思議でないことがあろう。『大無量寿経』には、〝もし人があって、ただかの国土の清浄・安楽なるを聞いて、ひたすらそこに生まれようと願えば、その者も往生を得る。すなわち正定聚に入る〟とのたまわれている。これはこの仏国土のみ名それ自体が、み仏のわざを為すということである。どうして私たちの思議の及ぶところでありえよう。〈中略〉極楽浄土は、あい等しい姿をした眷属(同族)のみが住むという功徳でもって荘厳されている。このことは、『浄土論』の偈に「如来のみもとの清らかな花のような衆は、正覚の花の化生*である。それゆえに眷属功徳成就という」と歌われている。これがどうして不思議でないことがあろう。およそこの穢土においては、生きものの生まれ方はさまざまであり、あるいは胎から、卵から、湿気から生まれ、またある者は化生する。それぞれの眷属はわずかであり、苦楽のさまは幾万に分かたれている。さまざ

まな業因でもって生まれでているゆえである。反対にかの安楽の国土の眷属は、すべて阿弥陀仏の正覚の、清らかな花の化生でないものはない。すべての者が同一に念仏して往生を得たのであり、他の道がなかったゆえである。広くとれば、四海のうちの念仏者がすべて兄弟となされている。それゆえに眷属は数かぎりない。どうして私たちの思議の及ぶところでありえよう）

と説かれている。

また『浄土論註』（巻下）には、

願往生者、本則三三之品、今無一二之殊。亦如淄澠食陵反一味。焉可思議已上

（往生を願う者は、この世においては九種の品があるが、浄土におもむけば何ら異なるところがなくなる。これは＊淄水《しすい》であれ＊澠水《じょうすい》であれ、海に入れば同一の味となるのに等しい。どうして私たちの思議の及ぶところでありえよう）

とのたまわれている。

また、『浄土論註』（巻下）には、

荘厳清浄功徳成就者、偈言観彼世界相勝過三界道故、此云何不思議、有凡夫人煩悩成就、亦得生彼浄土、三界繫業畢竟不牽。則是不断煩悩得涅槃分、焉可思議已上抄要

極楽浄土は、清浄という功徳でもって荘厳されている。このことは『浄土論』の偈

に「かの世界の相《すがた》を観ずれば、他の一切の世界を超えて勝《すぐ》れている。それゆえに清浄功徳成就という」と歌われている。これがどうして不思議でないことがあろう。凡夫なる人間の、煩悩に満ちみちている者がいても、かの浄土に生を亨《う》ければ、再び迷いの世界に堕ちるべき業因に、断じて引かれなくなる。これはすなわち、煩悩を断滅せずとも、涅槃のすべてを得られることである。どうして私たちの思議の及ぶところでありえよう）〈以上、要点を抄出〉

と説かれている。

以上をもって、この阿弥陀仏が衆生に往相廻向したもう、選択本願を見たてまつった。これを難思議往生と申すのである。これを心得て、他力の信心においては、教義がないことが教義であると知るべきである。

第二に還相《げんそう》廻向というのは、『浄土論』に、

以本願力廻向故、是名出第五門

（本願力の廻向をもってのゆえに、これを出*第五門と名づけるという）

と説かれている。

これは還相の廻向であって、第二十二の一生補処《ふしょ》の願にあらわれている。これは大慈大悲の願とも言われるものであって、『大無量寿経』（上巻）に、

設我得仏、他方仏土諸菩薩衆、来生我国究竟必至一生補処、除其本願自在所化為衆生故、被弘誓鎧積累徳本、度脱一切遊諸仏国修菩薩行、供養十方諸仏如来開化恒沙無量衆生、使立無上正真之道。超出常倫諸地之行現前修習普賢之徳、若不爾者不取正覚文

（もし私が仏になることができれば、他方の仏国土に住む菩薩たちが、私が造った国に来生すれば、仏道を究めさせてかならず一生補処にいたらしめる。ただし菩薩たちが、みずから衆生を教化しようとする本願をいだいて、弘大なる誓いの鎧《よろい》を着て徳の本《もと》を積み、一切を度脱したあとで諸仏の国を遊行し、菩薩の行を修め、全宇宙の諸仏如来を供養し、恒河沙《ごうがしゃ》にひとしい無数の衆生を開化して、無上正真の道を立たしめようと志すのであれば、この者たちは一生補処にいたらしめない。通常の倫理を超出せしめ、諸地の行を現前せしめ、普賢菩薩の徳を修習せしめよう。もしこの願が成就しなければ、私は仏にならない）

とのたまわれている。この願が、如来の還相廻向のおん誓いである。

如来のこの二種類の廻向によって真実の信楽を得る人は、かならず正定聚の位に住むゆえに他力と申すのである。

それゆえに『無量寿経優婆提舎願生偈《うばだいしゃがんしょうげ》』には、

云何廻向、不捨一切苦悩衆生、心常作願、廻向為首得成就大悲心故

（法蔵菩薩はどのように廻向したもうたのであろう。苦しみ悩むすべての者を捨てたまわず、心につねに願って、衆生にたいする廻向を第一として大慈悲心を完成したもうたゆえである）

とのたまわれている。これは『大無量寿経』の教えの中心としたもうところである。これを難思議往生と申すのである。

『観無量寿経』に拠《よ》る極楽往生（観経往生）というのは、第十九の修諸《しゅしょ》功徳の願、すなわち弥陀の至心発願のお誓いに帰依して、あらゆる自力の善行を弥陀に廻向し、浄土を希《ねが》い慕わせようとするものである。それゆえに、『無量寿仏観経』においては、＊定善・散善・＊三福・＊九品《くほん》の諸善、あるいは自力の称名念仏を説いて、＊九品往生をすすめておられるのである。この教えの中心は、私たちが弥陀の他力のなかにあって、なお自力でもって往生を期待することの結果を説くことである。それゆえに観経往生というのは、すべて＊方便化土への往生である。これを双樹林下《そうじゅりんげ》往生と申すのである。

第十九の至心発願の願について、『大無量寿経』（上巻）には、

設我得仏、十方衆生、発菩提心修諸功徳、至心発願欲生我国、臨寿終時、仮令不与大衆囲繞現其人前者、不取正覚文

（たとえ私が仏になることができるとしても、全宇宙の衆生が菩提心（悟りをもとめる心）を発《おこ》してもろもろの功徳を修め、至心に発願して私が造った国に生まれようと欲するとしよう。その人の命の終わりに臨《のぞ》んで、もし私が大衆と群れつどうてその人の前に現われることがなければ、私は仏にならない）

とのたまわれている。

また、『悲華経《ひけきよう》』「＊大施品《だいせぼん》」には、

願我成阿耨多羅三藐三菩提已、其余無量無辺阿僧祇諸仏世界所有衆生、若発阿耨多羅三藐三菩提心、修諸善根、欲生我界者、臨終之時、我当与大衆囲繞現其人前、其人見我、即於我前得心歓喜、以見我故、離諸障閡即便捨身来生我界文

（私が＊阿耨多羅三藐三菩提《あのくたらさんみやくさんぼだい》を成就しおえたときに、他の無数の諸仏世界に住む衆生が、もしおなじ菩提心を起こして、もろもろの善根を修めて私が造った国に生まれようと思えば、その人の臨終のときに、私はまさに大衆と群れつどうてその人の前に現われよう。その人は私を見て、すなわち私を前にして心に歓喜を得て、私を見たがゆえに、もろもろの障害を離れて、ただちに身を捨てて私が造った国に来生せしめよう）

とのたまわれている。

この至心発願の願が成就したことを証明する文章としては、『大無量寿経』（下巻）に、

仏告阿難、十方世界諸天人民、其有至心願生彼国、凡有三輩、其上輩者、捨家棄欲而作沙門、発菩提心、一向専念無量寿仏、修諸功徳願生彼国、此等衆生臨寿終時、無量寿仏与諸大衆現其人前、乃至阿難其有衆生、欲於今世見無量寿仏、応発無上菩提之心、修行功徳、願生彼国。仏語阿難、其中輩者、十方世界諸天人民、其有至心願生彼国、雖不能行作沙門大修功徳、当発無上菩提之心、一向専念無量寿仏、多少修善奉持斎戒、起立塔像飯食沙門、懸絵燃燈散華焼香。以此廻向願生彼国。其人臨終、乃至具如真仏、与諸大衆現其人前、乃至仏告阿難、其下輩者、十方世界諸天人民、其有至心欲生彼国、仮使不能作諸功徳、当発無上菩提之心、一向専意乃至十念、念無量寿仏願生其国、若聞深法歓喜信楽不生疑惑、乃至一念、念於彼仏、以至誠心願生其国。此人臨終夢見彼仏、亦得往生、功徳智慧次如中輩者也已上略抄

（仏は、阿難に告げたもうた。〝全宇宙の諸天人や人民が、心から弥陀の浄土に生まれようと願うことがあろう。その者たちは、三種類に分かたれる。その上《じょう》なる輩《やから》は、家を捨て欲を捨てて沙門となり、菩提心を起こして、ひたすら無量寿仏のみを念じて、もろもろの功徳を修めてかの浄土に生まれようと願うであろう。これらの衆生の命が終わろうとするときに臨《のぞ》んで、無量寿仏はもろもろの大衆とともにその

人の前に現われよう。〈中略〉阿難よ、衆生があって、この世において無量寿仏を見たてまつろうと思えば、無上の菩提心を起こし、功徳を修行して、かの浄土に生まれようと願うがよい〃仏は阿難に、語りたもうた。〃中なる輩というのは、全宇宙のもろもろの天人や人民が、心からかの浄土に生まれようと願うことがあろう。その者は仏道を修行して沙門となり、大いに功徳を修めることはできないとしても、まさに無上菩提の心を起こして、ひたすら無量寿仏のみを念じ、多少の善を修め、*斎と戒を保ちたてまつり、仏塔仏像を起立《きりゅう》し、沙門に食事をほどこし、絵像を掛け燈をともし、花を散らし香をたくべきである。それらをみ仏に廻向して、かの浄土に生まれようと願えば、その者の臨終時に、〈中略〉つぶさに真の仏の姿となって、もろもろの大衆とともに、その人の前に出現しよう〃〈中略〉仏は阿難に告げたもうた。〃下《げ》なる輩というのは、全宇宙のもろもろの天人や人民が、心からかの浄土に生まれようと思うことがあろう。その者がたとえもろもろの功徳を為しえないとしても、まさに無上菩提の心を起こして、ひたすら心を専《もっぱ》らにして一度でも十度でも無量寿仏を念じて、その国に生まれようと願うべきである。もしも深遠なる仏法を聞いて歓喜して信じ、疑惑を生ぜず、一度でもかの仏を心に思って、至誠の心でもってその国に生まれようと願うとしよう。その人は命の終わりに臨んで、夢のようにかの仏を見たてまつって、また往生を得よう。功徳も智慧も、中なる輩のもののようになるであろう〟)

とのたまわれている。

『大無量寿経』(上巻)には、

設我得仏、国中菩薩乃至少功徳者、不能知見其道場樹無量光色高四百万里者、不取正覚文

(たとえ私が仏になることができるとしても、私の造った国に住む菩薩から功徳の少ない者にいたるまで、その道場に立つ樹の光と色が限りなく、高さが四百万里であることを知見できなければ、私は仏にならない)

とのたまわれている。

この第二十八の道場樹の願が成就したことを証明する文章としては、『大無量寿経』に、

又無量寿仏、其道場樹高四百万里、其本周囲五十由旬、枝葉四布二十万里、一切衆宝自然合成、以月光摩尼持海輪宝衆宝之王而荘厳之、周帀条間垂宝瓔珞。百千万色種種異変。無量光炎照耀無極。珍妙宝網羅覆其上。乃至一切皆得甚深法忍住不退転、至成仏道六根清徹無諸悩患已上略出

（また無量寿仏、その道場樹の高さは四百万里であろう。その根本《ねもと》の周囲は五十由*旬であろう。枝葉は四方に、二十万里に敷き広がっていよう。一切のもろもろの宝が集まって、自然にこの樹木を合成している。しかも*月光摩尼《がっこうまに》・*持海輪宝《じかいりんぼう》の、宝の王でもってこれを荘厳している。枝のあいだには、宝の瓔珞《ようらく》がむらがって垂れている。百千万種類の色彩をそなえて、さまざまに変異する。無数の光炎が無限の彼方にまで照り輝いている。妙えにして珍《めず》らかな宝の網がその上を覆っている。〈中略〉そこにおいて学ぶ者はすべて、深遠なる法の悟りを得、不退転の位に住むであろう。仏道を成就するにいたるまで、*六根はつねに清浄に徹し、何らの悩みも患《わずら》いもないであろう）〈以上略出〉

とのたまわれている。

*首楞厳院《しゅりょうごんいん》の和尚源信僧都の『往生要集』には、懐感禅師《えかんぜんじ》の註釈を引用して次のように説かれている。

問、菩薩処胎経第二説、西方去此閻浮提十二億那由他有懈慢界、乃至発意衆生、欲生阿弥陀仏国者、深着懈慢国土不能前進生阿弥陀仏国、億千万衆時有一人能生阿弥陀仏国云云、以此経准難可得生、答、群疑論引善導和尚前文而釈此難、又自助成云、此経下文言、何以故、皆由懈慢執心不牢固、是知、雑修之者為執心不牢之人、故生

懈慢国也、若不雑修専行此業、此即執心牢固定生極楽国、乃至又報浄土生者極少、化浄土中生者不少、故経別説実不相違也已上略出

（問う。『菩薩処胎経』の第二には、〝この*閻浮提《えんぶだい》の西方十二億那由他《なゆた》の彼方に*懈慢界がある。〈中略〉みずから発心して阿弥陀仏の国に生まれようと思う衆生は、懈慢国土に深く執着して、すすんで阿弥陀仏の国土に生まれることができない。億千万の衆生のうちの、ときに一人がよく阿弥陀仏の国土に生まれると言われる〟と説かれている。この経でもって困難さを思えば、どうして極楽浄土に生まれられよう。

答え。懐感禅師は『群疑論』に善導和尚の先の文を引用して、この難問を解決しておられる。またみずから補足して、「この経の下の文で、〝何故《なにゆえ》に懈慢界より先に進めないかと言えば、すべての者が怠惰であり傲慢であって、信心を保持する心が堅固でないゆえである〟とのたまわれている。これによって知られる。念仏以外のさまざまな行を修める者は、念仏を保持する心（執持心）が堅固でない人であるとするのである。それゆえに懈慢国に生まれるのである。もしも雑行を修めず、もっぱら念仏行のみにはげめば、その人は執持心が堅固であるゆえに、かならず極楽国に生まれる。〈中略〉また、真実報土に生まれる者はきわめて少ない。化（仮）の浄土

のなかに生まれる者は少なくない。それゆえに、経典の別の教えも、真実と相違していない。）〈以上略出〉

これらの文章の意味によって、雙樹林下往生と申すことをよくよく心得られるべきである。

『阿弥陀経』に拠《よ》る往生（弥陀経往生）というのは、第二十の植諸《じきしょ》徳本の誓願に帰依することである。それによって、*不果遂者の真門に入り、あらゆる善や徳の収まる名号をえらんでとなえるのであり、第十九の願に説かれている万善諸行の少善は行なわない。とはいえ、定善・散善の自力の修行にとらわれる人びとは、弥陀の不可思議の仏智を疑惑して信受しない。「南無阿弥陀仏」ととなえることを自分の善根として、みずから浄土に廻向して果遂の誓いを頼むのである。不可思議の名号をとなえながらも、言うべからざる、説くべからざる、不可思議の大悲の誓願を疑っているのである。その罪は深く重いがゆえに、浄土におもむいたところで、七宝の牢獄に閉じこめられて、命五百年のあいだ自由が得られない。仏・法・僧の三宝を見たてまつらず、それらにお仕えすることもない、と釈尊は説きたもうておられる。しかしながら、この者たちは、念仏をとなえるがゆえに*胎宮にとどまるのである。懈慢土にとどまるのではない。弥陀の万徳をそなえた名号に拠《よ》っているがゆえに、難思往生と言うのである。この者たちは不可思議の誓願を疑う罪によって、難思議往生とは申さないと知るべきである。

この第二十の植諸徳本の願文については、『大無量寿経』に、

設我得仏、十方衆生、聞我名号係念我国、植諸徳本至心廻向欲生我国、不果遂者、不取正覚文

（たとえ私が仏になることができるとしても、全宇宙の衆生が、私の名号を聞いて思いを私の造った国にかけ、もろもろの徳の本《もと》を植え、至心に廻向して私の国に生まれようと欲するとしよう。もしもこの願いが果し遂げられなければ、私は仏にならない）

とのたまわれている。

同じ経の別訳である『無量寿如来会』には、

若我成仏、無量国中所有衆生、聞説我名、以己善根廻向極楽、若不生者、不取菩提文

（もし私が仏となったとしても、無数の国土に住む衆生が私の名が説かれるのを聞いて、自分の善根を極楽に廻向するとしよう。それをもってして極楽に生まれなければ、私は仏にならない）

とのたまわれている。

この願が成就したことを証明する文章としては、『大無量寿経』に、

其胎生者、所処宮殿、或百由旬或五百由旬、各於其中受諸快楽如忉利天上、亦皆自然、爾時慈氏菩薩白仏言、世尊何因何縁、彼国人民胎生化生、仏告慈氏、若有衆生、以疑惑心修諸功徳願生彼国、不了仏智、不思議智、不可称智、大乗広智、無等無倫最上勝智、於此諸智疑惑不信、然猶信罪福修習善本願生其国、此諸衆生、生彼宮殿寿五百歳、常不見仏、不聞経法、不見菩薩声聞聖衆、是故彼国土謂之胎生、乃至 弥勒当知、彼化生者智慧勝故、其胎生者皆無智慧、乃至 仏告弥勒、譬如転輪聖王有七宝牢獄、種種荘厳張設牀帳懸諸絵繙、若諸小王子、得罪於王、輒内彼獄中繋以金鎖、乃至 仏告弥勒、此諸衆生、亦復如是、以疑惑仏智故、生彼胎宮、乃至 若止衆生識其本罪、深自悔責求離彼処、乃至 弥勒当知、其有菩薩生疑惑者、為失大利 略抄

（胎宮に生まれる者の住む宮殿は、あるいは*百由旬であり、あるいは五百由旬である。おのおのがそこに住んで、もろもろの快楽をうけることは、あたかも*忉利天《とうりてん》上のようであり、すべてが自然である。慈氏《じし》菩薩（弥勒菩薩）は、その教えを聞いたとき、仏に、〝世尊よ、どういう因縁によって、その浄土に生まれる人民に、胎宮に生まれる者と（胎生）、真実報土に生まれる者（化生）との区別があるのでしょうか〟と訊ねた。仏は慈氏に告げたもうて、〝もし衆生があって、弥陀の本願力に疑惑をいだき、それゆえにもろもろの功徳を修めて、かの国に生まれようと願う者は、仏

智・不思議智・不可称（言うべからざる）智・大乗広（一切の者を救いたもう広大な）智・無等無倫最上勝（対等のものなき、人倫を超えた、最も勝れた）智を悟らない。これらの智慧を疑って信じない。しかもなお善因善果・悪因悪果を信じて、善の本《もと》を習い修めて浄土に生まれようと願っている。かかるもろもろの衆生は、かの胎宮に生まれて五百年の寿命を生きるであろう。その間、つねに仏を見たてまつらず、経や教えを聞かず、菩薩や声聞や聖＊衆《しょうじゅ》を見ない。それゆえに、かの国土を胎生と言うのである。〈中略〉。弥勒よ、まさに知るべきである。真実の浄土に化生する者は智慧がすぐれているゆえに、胎宮に生まれる者はすべて智慧がない″とのたまわれた。〈中略〉仏は弥勒に告げたもうて、″たとえば転＊輪聖王に七宝の牢獄がある。さまざまに荘厳し、床几や帳《とばり》をめぐらし、もろもろの絵や繙《はた》がかかっている。もしも、王子たちのなかに王より罪を問われる者があれば、この獄に入れられて黄金の鎖でもってつながれる″とのたまわれた。〈中略〉仏は弥勒に告げたもうて、″弥陀の本願力を疑惑する衆生も、この王子たちにひとしい。仏智を疑惑するがゆえに、かの胎宮に生まれる。〈中略〉もしもかかる衆生があれば、牢獄に入る根本の罪を知って、みずから深く後悔し自責して、そのところを離れようと求めよ。〈中略〉弥勒よ、まさに知るべきである。疑惑を生じる菩薩があれば、大いなる利益を失うとする″とのた

まわれた）

とのたまわれている。

また『無量寿如来会』には、

仏告弥勒、若有衆生随於疑悔積集善根、希求仏智、普偏智、不思議智、無等智、威徳智、広大智、於自善根不能生信、以此因縁於五百歳住宮殿中、乃至阿逸多、汝観殊勝智者、彼因広慧力故、受彼化生、於蓮華中結跏趺坐、汝観下劣之輩。乃至不能修習諸功徳故、無因奉事無量寿仏、是諸人等皆為昔縁疑悔所致、乃至仏告弥勒、如是如是、若有随於疑悔種諸善根希求仏智乃至広大智、於自善根不能生信、由聞仏名起信心故、雖生彼国、於蓮華中不得出現、彼等衆生、処華胎中猶如園苑宮殿之想乃至略出

（仏は弥勒に告げたもうて、〝もし衆生があって、弥陀の本願力を疑うがゆえに善根を積み、仏智・普偏智・不思議智・無等智・威徳智・広大智を願い求めたところで、みずからの善根を恃《たの》むがゆえに、信を生じることはできない。この者はその因縁によって、五百年のあいだ胎宮のなかに住む。〈中略〉阿逸多《あいった》（弥勒菩薩の姓）よ、なんじが殊勝の智慧を得た者を見るなら、その者たちは弥陀の広大なる智慧の力によるがゆえに、真実報土への化生をうる。咲き開く蓮華のなかで*結跏趺坐《けっかふざ》するのである。また、なんじが下劣のともがらを見るなら、〈中略〉その者たちはもろもろの

功徳を修習することができないゆえに胎宮に住む。本願力という原因がなくて、無量寿仏に仕えたてまつろうとしたのである。このもろもろの人は、すべて現世において、弥陀の本願力を疑ったがゆえに、胎宮に生まれ出たのである〃とのたまわれた。〈中略〉仏は弥勒に告げたもうて、〃まさにこのようである。もしも弥陀の本願力を疑い、もろもろの善根を植えて仏智ないしは広大智を願い求める者があるとすれば、その者はみずからの善根を恃《たの》むがゆえに信を生じることができない。この者も阿弥陀仏の名を聞いて信心を起こしたがゆえに、浄土に生まれるとはいえ、咲き開く蓮華のなかに出現できない。これらの衆生が蓮華の蕾のなかにいるのは、苑や宮殿に閉じこめられる思いをするのに似ている〃とのたまわれた）〈略出〉

とのたまわれている。

光明寺の善導和尚の解釈（『定善義』）には、

含華未出、或生辺界、或堕宮胎已上

（花に含まれていまだ出られず、あるいは辺界に生まれ、あるいは胎宮に堕ちる）

と説かれている。

憬興師《きょうごうし》（『述文讃』）は、

由疑仏智、雖生彼国、而在辺地不被聖化事、若胎生宜之重捨已上

（仏智を疑うがゆえに、かの浄土に生まれるとはいえ、辺地にあって仏の教えをうけられない。もしも胎宮に生まれれば、疑惑の心を重ねがさね捨てるべきである〈以上〉）

と説かれている。

これらの真実の文章によって、難思往生と申すことを、よくよく心得たもうべきである。

南無阿弥陀仏　南無阿弥陀仏　南無阿弥陀仏

康元二年（一二五七）三月二日これを書き写す

愚禿親鸞八十五歳

如来二種廻向文

にょらいにしゅえこうもん

往相・還相の二種廻向に関する要文をあつめたもの。

『無量寿経優婆提舎願生偈《うばだいしゃがんしょうげ》』に、「法蔵菩薩はどのように廻向したもうたのであろう。苦しみ悩むすべての者を捨てたまわず、心につねに願って、衆生にたいする廻向を第一として大慈悲心を完成したもうたゆえである」と説かれている。

この本願力の廻向をもってしたもう、如来の廻向に、二種類がある。一つには往相《おうそう》の廻向、二つには還相《げんそう》の廻向である。往相の廻向については、真実の行業があり、真実の信心があり、真実の証果がある。

真実の行業というのは、第十七の諸仏称名《しょぶつしょうみょう》の願にあらわれている。称名の願については『大無量寿経』に、「たとえ私が仏になることができるとしても、全宇宙の無数の仏たちが、ことごとくほめたたえて私の名をとなえなければ、私は仏にならない」とのたまわれている。

真実の信心というのは、第十八の念仏往生の願にあらわれている。すなわち信楽《しんぎょう》の願であるが、『大無量寿経』には、「たとえ私が仏になることができるとしても、全宇宙の衆生が、私が真実心をこめて廻向する信心を喜んで受けとり、私が造った国に生まれようと欲して、一度でも十度でも念仏をとなえるとしよう。そこでもし生まれなければ、私は仏にならない。ただし、五逆の大罪を犯した者と、正しい仏法を誹謗する者とは除こう」とのたまわれている。

真実の証果というのは、第十一の必至滅度の願にあらわれている。この証果の悲願については『大無量寿経』に、「たとえ私が仏になることができるとしても、私が造った国に住む人間や天人が、定聚の位に住んでかならず滅度にいたることがなければ、私は仏にならない」とのたまわれている。

これらの、如来の根本の誓いの願を選択《せんじゃく》本願《ほんがん》と申すのである。この必至滅度の大願を起こしたもうて、この真実の信楽を得た人は、そくざに正定聚の位に住まわせようとお誓いたもうておられるのである。

同本異訳の『無量寿如来会《にょらいえ》』には、「たとえ私が仏になることができるとしても、私が造った国に住むすべての有情が、決定して等正覚となり、大涅槃を証することがなければ、私は仏にならない」とのたまわれている。

すなわちこの願は、真実の信楽を得た人は、決定して等正覚にならしめようと誓いたもうたということである。等正覚はすなわち正定聚の位である。等正覚と申すのは、補処《ふしょ》の弥勒菩薩と同じくしようと誓いたもうたことである。

これらの選択本願は、法蔵菩薩の、私たちの思議をこえた弘大なるお誓いである。それゆえに真実の念仏者は、『大無量寿経』には、「弥勒に等しい」とのたまわれている。これらの大誓願を、往相の廻向と申すとみえている。『龍舒浄土文《りゅうじょじょうどもん》』には、「弥勒菩薩と同じと言う」とあらわれている。

第二の還相の廻向というのは、『浄土論』に、「本願力の廻向をもってすることを、出第五門と名づけるゆえである」と説かれている。

これが還相の廻向である。その意味は、第二十二の一生補処の大願にあらわれている。この大慈大悲の誓願については、『大無量寿経』に、「もし私が仏になることができれば、他の仏国土に住む菩薩衆たちが、私が造った国に来生すれば、仏道を究めさせてかならず一生補処にいたらしめる。ただし菩薩たちが、みずから衆生を教化しようとする本願をいだいて、弘大なる誓いの鎧《よろい》を着て徳の本《もと》を積み、一切を度脱したあとで諸仏の国を遊行し、菩薩の行を修め、全宇宙の諸仏如来を供養し、恒河沙にひとしい無数の衆生を開化し、無上正真の道を立たしめようと志すのであれば、この者たちは一生補処にいたらしめない。通常の倫理を超出せしめ、諸地の行を現前せしめ、普賢菩薩の徳を習修せしめる。もしこの願いが成就しなければ、私は仏にならない」とのたまわれている。

これが如来の還相廻向のおん誓いである。これは他力の還相の廻向であるゆえに、自分を利益するのも、他人を利益するのも、ともに行者の自発的な願ではない。法蔵菩薩の誓願である。大師法然上人は、「他力の念仏行においては、教義がないことをもって教義とする」と仰せられている。よくよくこの選択大悲の願の意味を心得たもうべきである。

正嘉元年（一二五七）丁巳壬三月二十一日これを書き写す

尊号真像銘文

そんごうしんぞうめいもん

尊号（即ち真宗の本尊である名号）や真像（即ち真宗で崇拝する先徳の肖像）に書き加えられた讃銘の文を集め、これに解釈をほどこした書。広略の二本があり、略本は一巻、広本は二巻である。

略本には、所釈の銘文を掲げておらず、また十六文を収めているだけであるが、広本は、それぞれに所釈の銘文を掲げて形式を整え、且つ五文を加えて二十一文を集録する。

尊号真像銘文　本

『大無量《だいむりょう》寿経《じゅきょう》』に言《のたまわ》く

設我得仏《せつがとくぶつ》、十方衆生《じっぽうしゅじょう》、至心信楽《ししんしんぎょう》、欲生我国《よくしょうがこく》、乃至十念《ないしじゅうねん》、若不生者《にゃくふしょうじゃ》、不取正覚《ふしゅしょうがく》。唯除《ゆいじょ》五逆《ごぎゃく》、誹謗正法《ひぼうしょうほう》。


「大無量寿経言《ごん》」というのは、如来の四十八願を説きたまえる経である。

「設我得仏《せつがとくぶつ》」というのは、もし私が仏となりえたときというみ言葉である。

「十方衆生《じっぽうしゅじょう》」というのは、全宇宙のよろずの衆生という意味である。

「至心信楽《ししんしんぎょう》」というのは、至心は真実と申すのである。真実と申すのは、如来のおん誓いが真実であることを至心と申すのである。煩悩具足の衆生には、もとより真実の心がない。清浄の心がない。悪に濁り邪《よこし》まなる見解をいだいているゆえである。信楽というのは、如来の本願が真実におわしますことを、二心《ふたごころ》なく深く信じて疑わないゆえに信楽と申すのである。この至心信楽はすなわち、全宇宙の衆生にむかって、わが真実なる誓願を信楽せよ、とすすめたもうおん誓いの至心信楽である。凡夫自力の心ではない。

「欲生我国《よくしょうがこく》」というのは、他力の至心信楽の心をもって安楽浄土に生まれようと思えという意味である。

「乃至十念《ないしじゅうねん》」と申すのは、如来の誓いの名号を、私たちにとなえることをすすめたもうにさいして、となえる数が一定ではないことをあらわし、時節も定めていないことを衆生に知らせようと思し召されて、乃至というみ言葉を、十度の念仏に添えて誓いたもうたのである。如来よりこのお誓いを頂戴した以上は、平生のときに念仏をとなえるのであり、臨終時の念仏に期待してはならない。ただ、如来の至心信楽を深く頼めという意味である。この真実信心を得る時に、すべての衆生を収めとってお捨てにならぬ如来のみ心の光明の中に入るゆえに、*正定聚の位に定まると経典にみえている。

「若不生者不取正覚《にゃくふしょうじゃふしゅしょうがく》」というのは、若不生者は、もし生まれなければというみ言葉である。不取正覚は、仏にならぬとお誓いになったご宣言である。すなわちその意味は、至心信楽を得た人が、私が造った浄土にもし生まれなければ、私は仏にならぬと誓いたもうておられるご宣言である。この本願の意味は、*聖覚法印の『唯信抄』によくよく説かれている。唯信と申すのは、すなわちこの真実信楽を一筋に獲る心を言うのである。

「唯除五逆誹謗正法《ゆいじょごぎゃくひぼうしょうほう》」というのは、唯除というのはただ除くという言葉である。五逆の大罪を犯す罪人をきらい、正しい仏法を誹謗することの重い咎《とが》を知らせようとしておられるのである。この二つの罪の重いことを示して、全宇宙のすべての衆生が、みな洩れずに浄土に往生せよ、と知らせようとしておられるのである。


経にはまた次のようにのたまわれている。

其仏本願力《ごぶつほんがんりき》、聞名欲往生《もんみょうよくおうじょう》、皆悉到彼国《かいしっとうひこく》、自致不退転《じちふたいてん》。

「其仏本願力《ごぶつほんがんりき》」というのは、弥陀*の本願力と申すのである。

「聞名欲往生《もんみょうよくおうじょう》」というのは、聞《もん》というのは、如来の誓いのみ名を信じると申すことである。欲往生というのは、安楽浄土に生まれようと思えという意味である。

「皆悉到彼国《かいしっとうひこく》」というのは、弥陀のおん誓いのみ名を信じて浄土に生まれようと思う人は、みな洩れずかの浄土にいたると申すみ言葉である。

「自致不退転《じちふたいてん》」というのは、自はおのずからという意味である。おのずからというのは、衆生のはからいではなく、弥陀が〝おんみずからそのようにあらしめて〟不退の位にいたらしめるという意味である。自然という言葉である。致というのは、いたるという意味であり、旨とする（最も大事なこととする）という意味である。如来の本願のみ名を信じる人は、自然に不退の位にいたらしめられることを、旨とすべしと思えという言葉である。不退というのは、仏にかならずなるべき身と定まる位である。これはすなわち、私たちが正定聚の位にいたることを、旨とすべしと説きたもうた教勅《みのり》である。

経にはまた次のようにのたまわれている。

必得超絶去《ひっとくちょうぜつこ》、往生安養国《おうじょうあんようこく》、横截五悪趣《おうぜつごあくしゅ》、悪趣自然閉《あくしゅじねんぺい》、昇道無窮極《しょうどうむぐごく》、易往而無人《いおうにむにん》、其国《ごこく》不逆違《ふぎゃくい》、自然之所牽《じねんししょけん》。抄出

「必得超絶去往生安養国《ひっとくちょうぜつこおうじょうあんようこく》」というのは、必は、必《かなら》ずという意味である。必ずとは、定まったという内容である。また自然という意味である。得は、得たという意味である。超は、超えてという意味である。絶は、絶《た》ち、捨て、離れるという意味である。去《こ》は、捨てるという、ゆくという、去るという意味である。それゆえに娑婆世界を絶ち捨てて、生死《しょうじ》流転を超え離れてゆき去るという意味である。安養浄土に往生を得よという意味である。安養というのは、弥陀をほめたてまつるみ言葉であると経典にみえている。すなわち安楽浄土のことである。

「横截五悪趣悪趣自然閉《おうぜつごあくしゅあくしゅじねんぺい》」というのは、横《おう》はよこさまという意味である。よこさまというのは、如来の願力を信じるゆえに、行者のはからいではない。*五つの悪なる世界を自《じ》然《ねん》に絶ち捨て、*四生を離れることを横《おう》と言うのである。他力という意味である。これを横超というのである。横は竪《じゅ》に対する言葉である。超は迂に対する言葉である。竪は縦のさまであり、迂はめぐるという意味である。竪と迂とは自力聖道の心をいうのである。

横超はすなわち、他力真宗の本意である。截《せつ》というのは、切《き》るという意味である。私たちが五つの悪なる世界につながれる絆を、横ざまに切るという意味である。

「悪趣自然閉《あくしゅじねんぺい》」というのは、弥陀の本願力に帰命すれば、五つの悪なる世界に生まれ死ぬことが閉ざされるゆえに、自然閉というのである。閉は閉じるという意味である。本願の業因にひかれて自然に浄土に生まれるのである。

「昇道無窮極《しょうどうむぐごく》」というのは、昇は昇るという意味である。昇るというのは、無上涅槃にいたること、これを昇というのである。道とは大涅槃の意味である。無窮極というのは、極まりがないという意味である。

「易往而無人《いおうにむにん》」というのは、易往は、往きやすいという意味である。弥陀の本願力に乗れば、本願の真実報土に生まれることが疑いないので、往きやすいのである。無人というのは、人がいないという意味である。人がいないというのは、真実信心の人は在《あ》りがたいがゆえに、真実報土に生まれる人はまれであるという意味である。それゆえに源信和尚は、報土に生まれる人は多くなく、化土《けど》に生まれる人は少なくないと仰せられたのである。

「其国不逆違自然之所牽《ごこくふぎゃくいじねんししょけん》」というのは、其国はその国という意味である。すなわち安養浄土である。不逆違は、逆さまでないという意味であり、違《たが》わないという意味である。

逆は逆さまという、違は違うという意味である。真実信心を得た人は、弥陀の大願の力に乗るゆえに、自然に浄土へおもむく業因が違うことなく、かの弥陀の業力*にひかれるゆえに、往きやすく、無上涅槃に昇っていくのに、極まりがないとのたまわれているのである。それゆえに、自然之所牽《じねんししょけん》と申すのである。他力の至心信楽の業因が、私たちを自然に浄土にひいてゆくのである。これを牽というのである。自然というのは、（弥陀おんみずからがそのようにあらしめられるのであって）行者のはからいでないという意味である。

大勢至菩薩御銘文*

『*首楞厳経《しゆりようごんきよう》』の言葉。「勢至獲《エタリ》二念仏円通《ネンブチエンヅウ》一、大勢至法王子与其同倫五十二菩薩、即従座起頂礼仏足而白仏言、我憶往昔恒河沙劫、有仏出世名無量光、十二如来相継一劫、其最後仏名超日月光、彼仏教我念仏三昧、乃至 若衆生心憶仏念仏、現前当来必定見仏、去《サル》二仏《コト》一不《ズ》二遠《トオカラ》一不《ズ》三仮《カラ》二方便《ハウベンヲ》一自得心開、如染香人身有香気、此則名曰香光荘厳、我本因地、以念仏心入無生忍、今於此界、摂念仏人帰於浄土」已上略出

「勢至獲念仏円通《せいしぎやくねんぶつえんずう》」というのは、勢至菩薩が念仏を得たもうと申すことである。獲《ぎやく》というのは、獲るという言葉である。獲るというのは、すなわち仏道修行時代に悟りを獲るということである。念仏を勢至菩薩が悟り得ると申すのである。

「大勢至法王子与其同倫《だいせいしほうおうじよごどうりん》」というのは、*五十二菩薩と勢至とが同じ朋友であると申すのである。法王子とその菩薩とが同じ朋友であると申すのを、与其同倫というのである。

「即従座起頂礼仏足而白仏言《そくじゅうざきちょうらいぶっそくにびゃくぶつごん》」というのは、すなわち仏弟子が座から立って、仏のみ足を礼して、仏につつしんで申しあげるということである。

「我憶往昔《がおくおうじゃく》」というのは、私が*恒河沙《ごうがしゃ》劫の過去の歳月を思うという意味である。

「有仏出世名無量光《うぶつしゅっせみょうむりょうこう》」というのは、仏が世に出現したもうたという言葉である。世に出現したもうた仏は、阿弥陀仏であると申すのである。無量光仏から超日月光仏《ちょうにちがっこうぶつ》までの*十二光仏が、十二度世に出現したもうたのを「十二如来相継一劫《そうけいいっこう》」というのである。十二如来と申すのは、すなわち阿弥陀仏の十二光のみ名である。相継一劫というのは、十二光仏が十二度世に出現したもうことを、相継ぐというのである。

「其最後仏名《ごさいごぶつみょう》超日月光」というのは、十二光仏が世に出現したもうた、その最後の仏を超日月光仏と申すということである。

「彼仏教我念仏三昧《ひぶっきょうがねんぶつさんまい》」というのは、この最後の超日月光仏の*念仏三昧を、勢至菩薩に教えたもうということである。

「若衆生心憶仏念仏《にゃくしゅじょうしんおくぶつねんぶつ》」というのは、もし衆生が心に仏を思い、仏を念ずれば、であって、

「現《げん》前《ぜん》当《とう》来《らい》必《ひつ》定《じょう》見《けん》仏《ぶつ》去《こ》仏《ぶつ》不《ふ》遠《おん》不《ふ》仮《け》方《ほう》便《べん》自《じ》得《とく》心《しん》開《かい》」というのは、今の生においても仏を見たてまつり、将来にもかならず仏を見たてまつるであろうということである。仏も私たちから遠ざからず、いろいろな手段も必要ではなく、自然に心に悟りを得るであろうということである。

「如《にょ》染《ぜん》香《こう》人《にん》身《しん》有《う》香《こう》気《け》」というのは、念仏者は香ばしい薫りを身にたたえている人（染香人）のようであると言って、勢至菩薩の心を、香ばしい人にたとえ申しているのである。それゆえに、「此《し》則《そく》名《みょう》曰《わっ》香《こう》光《こう》荘《しょう》厳《ごん》」と申すのである。勢至菩薩がみ心のうちに、念仏の心を持っているのを、染香人にたとえ申すのである。しかるがゆえに勢至菩薩が、「我《が》本《ほん》因《いん》地《じ》以《い》念《ねん》仏《ぶつ》心《しん》入《にゅう》無《む》生《しょう》忍《にん》今《こん》於《お》此《し》界《かい》摂《しょう》念《ねん》仏《ぶつ》人《にん》帰《き》於《お》浄《じょう》土《ど》」とのたまわれたというのである。我本因地というのは、私がもと仏道修行に励んでいた時に、というのである。以念仏心というのは、念仏の心を以ってというのである。*入無生忍というのは、無生忍にいるということである。今於此界というのは、今この娑婆界にあってというのである。摂念仏人というのは、念仏の人を収めとってというのである。帰於浄土というのは、念仏の人を収めとって浄土に帰せしむとのたまわれた、ということである。

龍樹菩薩御銘文

『十住《じゅうじゅう》毗《び》婆《ば》娑論《しゃろん》』にいわく、「人能念是仏、無量力功徳、即時入必定、是故我常念、若人願作仏、心念阿弥陀、応時為現身、是故我帰命」

「人能念是仏《にんのうねんぜぶつ》無量力功徳《むりょうりきくどく》」というのは、人びとよ、よくこの仏の無量の功徳を念じよ、ということである。

「即時入必定《そくじにゅうひつじょう》」というのは、信じれば即座のときに必定にいるということである。必定にいるというのは、真《まこと》に念ずれば必ず正定聚の位に定まるということである。

「是故我常念《ぜこがじょうねん》」というのは、私は常に念ずるということである。

「若人願作仏《にゃくにんがんさぶつ》」というのは、もし人が仏になろうと願うのであれば、ということであり、

「心念《しんねん》阿弥陀」というのは、心に阿弥陀を念じよということである。念ずれば、「応時《おうじ》為現身《いげんしん》」とのたまわれている。応時というのは、時にかなうということである。為現身と申すのは、信者のために如来が姿を現わしたもうことである。

「是故我帰命《ぜこがきみょう》」というのは、（それゆえに）龍樹菩薩が常に阿弥陀仏に帰依したてまつっておられるということである。

『婆藪般豆菩薩論』にいわく、「世尊我一心、帰命尽十方、無礙光如来、願生安楽国、

我依修多羅、真実功徳相、説願偈摠持、与仏教相応、観彼世界相、勝過三界道、究竟如虚空、広大無辺際」と。

またいわく、「観仏本願力、遇無空過者、能令速満足、功徳大宝海」

「婆《ば》藪《そ》般《はん》豆《ず》菩《ぼ》薩《さつ》論《ろん》曰《わつ》」というのは、婆藪般豆は天竺の言葉である。中国では天親《てんじん》菩薩と申す。また、現在は世親《せしん》菩薩と申すと言われている。旧訳では天親、新訳では世親菩薩と申すのである。論曰《わつ》は、世親菩薩が弥陀の本願を解釈しあらわしたもうたみ言葉を論というのである。曰は、心をあらわす言葉である。この論を『浄土論』という。また、『往生論』ともいうのである。

「世尊《せそん》我《が》一心《いっしん》」というのは、世尊は釈迦如来である。我というのは、世親菩薩がわが身とのたもうておられるのである。一心というのは、教主世尊のご教勅を、二心なく疑いなしということである。すなわちこれは、まことの信心である。

「帰命《きみよう》尽《じん》十方《じつぽう》無礙《むげ》光《こう》如来《にょらい》」というのは、帰命は南無のことである。また、帰命と申すのは、如来の勅命に従う心である。尽十方無礙光如来と申すのは、すなわち阿弥陀如来である。この如来は光明である。尽十方というのは、尽は尽すということであり、ことごとくということである。全宇宙を尽して、ことごとく満ちたもうておられるのである。無礙というのは、障《さわ》ることがないということである。障ることがないというのは、衆生の煩悩が行なう悪業に障害されないということである。光如来と申すのは、阿弥陀仏である。この如来は、すなわち不可思議光仏と申すのである。この如来は智慧の相《かたち》である。全宇宙の無数の国土に満ちたもうておられると知れ、ということである。

「願生安楽国《がんしょうあんらくこく》」というのは、世親菩薩がこの無礙光仏を称念し（み名を称え、心に思い）、信じて安楽国に生まれようと願いたもうておられるのである。

「我依修多羅真実功徳相《がえしゅたらしんじつくどくそう》」というのは、我は天親論主がわれと名のりたもうておられるみ言葉である。依はよるということで、修多羅によるというのである。修多羅は天竺の言葉で、仏の教典を申すのである。仏教には大乗があり、また小乗がある。すべてを修多羅と申すのであるが、ここで修多羅と申すのは、大乗である。小乗ではない。ここで世親菩薩が帰依しておられる浄土の三部の経典は、大乗修多羅である。この三部の大乗による、ということである。真実功徳相というのは、真実功徳は誓願の尊号（弥陀の誓願のなかで、となえよと命じておられる弥陀の尊いみ名）である。相はかたちという言葉である。

「説願偈捴持《せつがんげそうじ》」というのは、本願の心をあらわす言葉を偈というのである。捴持というのは、智慧である。無礙光の智慧を捴持と申すのである。

「与仏教相応《よぶつきょうそうおう》」というのは、この『浄土論』の心は、釈尊の教勅と弥陀の誓願にあいかなっている、ということである。

「観彼世界相勝過三界道《かんぴせかいそうしょうがさんがいどう》」というのは、世親菩薩がかの安楽世界を観察されれば、周辺に限りのないことが虚空のようであるということであり、広く大きいことを、虚空のようであるとたとえたのである。

「観仏本願力遇無空過者《かんぶつほんがんりきぐむくかしゃ》」というのは、如来の本願力を観想すれば、この願力を信じる人は、むなしく此処にとどまらないということである。

「能令速満足功徳大宝海《のうりょうそくまんぞくくどくだいほうかい》」というのは、能はよしということであり、令はせしむということであり、速はすみやかに疾《と》くということである。よく本願力を信楽する人は、すみやかに疾く、功徳の大宝海を得る人となって、その身に満足せしめられるということである。如来の功徳が限りなく、広く大きくへだてがないことを、大海の水がへだてなく満ち満ちているようであるとたとえ奉っておられるのである。

斉朝《せいちょう》 曇鸞和尚真像銘文《どんらんかしょうしんぞうめいもん》

「釈曇鸞法師者并州汶水県人也。魏末高斉之初猶在。神智高遠三国知聞。洞㆓暁衆経㆒独出㆓人外㆒。梁国天子蕭王、恒向㆓北㆒礼㆓鸞菩薩㆒。註㆓解往生論㆒裁㆓成両巻㆒。事出㆓釈迦才三巻浄土論㆒也」

「釈《しゃく》の曇鸞法師は并州《へいしゅう》の汶水県《ぼっしいけん》の人也《ひとなり》」。并州は国の名である。汶水県は所の名である。

「魏末《ぎのすえ》高斉《こうせい》之初《のはじめ》猶在《なおいます》」というのは、魏末というのは、中国の世の名である。末は、すえということである。魏の世のすえということである。

「高斉《こうせい》之初《ししよ》」は、斉という世の初めということである。

「猶在《ゆざい》」は、魏と斉の世になおおいでになったということである。

「神智高遠《じんちこうおん》」というのは、和尚の智慧がすぐれておわしましたということである。

「三国知聞《さんこくちもん》」というのは、三国は魏と斉と梁と、この三つの世におわしましたのである。知聞というのは、この三つの世に知られ聞えたもうておられたということである。

「洞暁《どうぎよう》衆経《しゆきよう》」というのは、あきらかによろずの経典を悟りたもうということである。

「独出人外《どくしゆつじんがい》」というのは、よろずの人にすぐれておられたということである。

「梁国《りようこく》の天子《てんし》」というのは、梁の世の王ということである。蕭王《そうおう》の名である。

「恒向北礼《つねにきたにむこうてらいしたてまつる》」というのは、梁の王が、つねに、曇鸞が北のほうに住んでおられたのを、菩薩と礼拝し奉りたもうたのである。

「註解往生論《ちゆうげおうじようろん》」というのは、和尚が世親菩薩の『浄土論』を詳しく解釈したもうて、『註論』と申す論をつくりたもうたのである。

「裁成両巻《さいじようりようかん》」というのは、『註論』を二巻*に編集したもうたことである。

「釈迦才《しやくのかさい》の三巻の浄土論」というのは、釈迦才と申すのは、釈というのは、釈尊のおん弟子であるとあらわす言葉である。迦才は浄土宗の祖師である。智者にておわしました人である。この聖人《しょうにん》が三巻の『浄土論』をつくりたもうたさいに、この曇鸞のみ言葉をあらわしたということである。

唐朝光明寺善導和尚真像銘文

智栄讃二善導別徳一云《いわく》、「善導阿弥陀仏化身、称二仏六字一即嘆二仏一、即懺悔、即発願廻向。一切善根荘二厳浄土一」

「智栄《ちょう》」と申すのは、中国の聖人《しょうにん》である。このお方が善導の特別の徳をほめたもうて、「善導は阿弥陀仏の化身である」とのたまわれた。

「称仏六字《しょうぶつろくじ》」というのは、南無阿弥陀仏の六字をとなえることである。

「即嘆仏《そくたんぶつ》」というのは、すなわち南無阿弥陀仏をとなえるのは、仏をほめたてまつることになるというのである。また「即懺悔《そくさんげ》」というのは、南無阿弥陀仏をとなえるのは、すなわち自分が無始よりこのかた犯しつづけてきた罪業を、懺悔することになると申すのである。

「即発願《そくほつがん》廻《え》向《こう》」というのは、南無阿弥陀仏をとなえるのは、すなわち安楽浄土に往生しようと思うことになるのである。またすべての衆生にこの功徳を与えることになるということである。

「一切善根荘厳浄土《いっさいぜんごんしょうごんじょうど》」というのは、阿弥陀の三字のなかに、いっさいの善根をおさめたもうておられるゆえに、名号をとなえることは、すなわち浄土を荘厳することになると知れ、ということである。智栄禅師がこのように説いて、善導を賞めたもうたのである。


善導和尚云《いわく》、「言南無者、即是帰命、亦是発願廻向之義。言阿弥陀仏者、即是其行、以斯義故、必得往生」


「言南無者《ごんなもしゃ》」というのは、すなわち帰命ということである。帰命はすなわち、釈迦・弥陀の二尊の勅命に順って、召しにかなうと申す言葉である。それゆえに、「即是帰命《そくぜきみょう》(すなわちこれ帰命である)」とのたもうたのである。

「亦是発願廻向之義《やくぜほつがんえこうしぎ》」というのは、二尊の召しに順って安楽浄土に生まれようと願う心である、とのたもうたのである。

「言阿弥陀仏者《ごんあみだぶつしゃ》」と申すのは、「即是其行《そくぜごぎょう》」ということである。即是其行は、これをすなわち法蔵菩薩の選択本願であると知れ、ということである。(選択本願に帰依して念仏をとなえることは)安養浄土に往生することが正しく定まる原因であるとのたもうた、という意味である。

「以斯義故《いしぎこ》」というのは、本願の念仏が浄土に往生することが正しく定まる原因であるのは、この意味をもってのゆえであるという御こころである。

「必《ひつ》」は必ずという意味、「得《とく》」は得しむという意味である。「往生」というのは、浄土に生まれるという意味である。必ずというのは、自然に往生を得させるということである。自然というのは、最初から自分のはからいではないという意味である。

(善導和尚) またいわく、「言摂生増上縁者、如無量寿経四十八願中説、仏言、若我成仏、十方衆生、願生我国、称我名字、下至十声、乗我願力、若不生者、不取正覚、此即是願往生行人、命欲終時、願力摂得往生、故名摂生増上縁」

「言摂生 増上縁者《ごんせつしょうぞうじょうえんしゃ》」というのは、摂生は、全宇宙の衆生を誓願に収めとらせたもうと申す意味である。

「如無量寿経四十八願中説《にょむりょうじゅきょうしじゅうはちがんちゅうせつ》」というのは、如来の本願を説きたもうた釈迦の御教勅であると知れ、ということである。

「若我成仏《にゃくがじょうぶつ》」と申すのは、法蔵菩薩が誓いたもうて、もしも私が仏になることができれば、と説きたもうておられるのである。

「十方衆生《じっぽうしゅじょう》」というのは、全宇宙のよろずの衆生である。すなわち私たちである。

「願生我国《がんしょうがこく》」というのは、安楽の浄土に生まれようと願え、ということである。

「称我名字《しょうがみょうじ》」というのは、私が仏となった時に、私の名をとなえられよう、ということである。

「下至十声《げしじっしょう》」というのは、ご自分の名字がとなえられるさいに、ただ十度しか念仏しない者、ということである。下至というのは、十度以上となえた者も、また仏の名を一、二度聞いただけの者をも、極楽往生から洩らさず、おきらいにならぬことを、あらわし示すということである。

「乗我願力《じょうががんりき》」というのは、乗はのれということであり、また智でもある。智というのは、弥陀の願力にのせたもうと知れ、ということである。弥陀の願力にのって安楽浄土に生まれると知る智である。

「若不生者不取正覚《にゃくふしょうしゃふしゅしょうがく》」というのは、この誓いを信じた人が、もし本願の真実の報土に生まれなければ、私は仏にならない、と誓いたもうたご宣言である。

「此即是願往生行人《しそくぜがんおうじょうぎょうにん》」というのは、これすなわち往生を願う人、という意味である。

「命欲終時《みょうよくじゅうじ》」というのは、命が終わろうとする時、という意味である。

「願力摂得往生《がんりきしょうとくおうじょう》」というのは、弥陀の大願の業力が私たちを収めとって往生を得させる、という意味である。すでに平生の時に信楽を得た人、という意味である。臨終の時にはじめて信楽が決定して、摂取にあずかるものではない。つねひごろ、かの弥陀の心光に摂護《しょうご》されまいらせているゆえに、金剛の信心を得た人は正定聚の位に住む。それゆえに、臨終の時ではない。かねがね平生の時より弥陀が常に摂護して捨てたまわぬゆえに、摂得《しょうとく》往生と申すのである。それゆえに摂生増上縁と名づけるのである。また、平生の時から、まことの信心がなかったであろう人は、にもかかわらず、つねひごろ念仏をとなえていた功徳によって、命の最後にのぞんで、はじめて善知識のすすめに会い信心を得た時に、弥陀の願力が収めとって往生を得る者もあるであろう、ということである。自分の臨終のさいに弥陀の来迎を期待する者は、いまだ信心を得ぬ者であるゆえに、つねに自分の臨終を懸念して嘆くのである。

善導和尚はまたいわく、「言護念増上縁者、乃至但有専念阿弥陀仏衆生、彼仏心光、常照是人摂護不捨、揔不三レ論二照一摂余雑業行者一、此亦是現生護念増上縁」

「言護念増上縁者《ごんごねんぞうじょうえんしゃ》」というのは、まことの信心を得た人を、弥陀がこの世において常に護りたもうと申す言葉である。

「但有専念阿弥陀仏衆生《たんうせんねんあみだぶつしゅじょう》」というのは、一筋に二心なく阿弥陀仏を念じたてまつると申すのである。

「彼仏心光常照是人《ひぶっしんこうじょうしょうぜにん》」というのは、彼はかのという意味である。仏心光は無礙光仏のおん心と申すのである。常照は常に照らすと申す。常にというのは、時をきらわず、日をへだてず、場所を区別せず、まことの信心ある人をば、常に照らしたもうということである。照らすというのは、かの仏心が収めとりたもうということである。仏心光はすなわち阿弥陀仏のおん心に収めたもう、と知るべきである。是人は信心を得た人である。常に護りたもうと申すのは、*天魔《てんま》波旬《はじゅん》に破られず、悪鬼悪神にみだされず、摂護不捨《しょうごふしゃ》したもうゆえである。「摂護不捨」というのは、収め護って捨てないということである。「捴不論照摂余雑業行者《そうふろんしょうしょうよぞうごうぎょうじゃ》」というのは、捴はすべてという意味である。みなという意味である。念仏以外の雑行雑修の人をばすべてみな、照らし収め護りたまわないということである。照らし護りたまわないと申すのは、摂取不捨の利益にあずからないということである。本願の行者ではないゆえである、と知るべきである。それゆえに、摂護不捨と解釈したまわない。

「現生護念増上縁《げんしょうごねんぞうじょうえん》」というのは、この世においてまことの信心ある人を、護りたもうと申すみ言葉である。増上縁とは、すぐれた強い縁ということである。

皇太子聖徳御銘文《こうたいししょうとくのごめいもん》

『御縁起』曰「百済国聖明王太子阿佐礼曰、敬礼救世大慈観音菩薩、妙教流通東方日本国、四十九歳伝燈演説」「新羅国聖人日羅、礼曰、敬礼救世観音大菩薩、伝燈東方粟散王」

「御縁起曰《ごえんぎわつ》」というのは、聖徳太子の御縁起である。

「百済国《はくさいこく》」というのは、聖徳太子が前世で生まれたもうた国の名である。

「聖明王《せいめいおう》」というのは、太子が百済の国におありになった時の、その国の王の名である。

「太子阿佐礼曰《たいしあされいわつ》」というのは、聖明王の太子の名である。聖徳太子を恋い慕い悲しまれて、おんかたちを金銅で鋳造しておられたのであるが、この日本国に聖徳太子がお生まれになったと聞かれて、聖明王がわが子の阿佐太子を勅使として、金銅の救世観音の像をお贈りになった。その時に、救世観音に礼拝するためにとなえた文である。「敬礼救《きょうらいく》世大慈観音菩薩《せだいじかんおんぼさつ》」というのである。

「妙教流通東方日本国《みょうきょうるずとうぼうにっぽんこく》」というのは、上宮太子（聖徳太子）が仏法をこの日本国に伝え弘めておられるという意味である。

「四十九歳」というのは、上宮太子は四十九歳まで、この日本国においでになる、と阿佐太子が申したのである。贈られたもうた金銅の救世菩薩は、天王寺の金堂にいましますのである。

「伝燈演説《でんとうえんぜつ》」というのは、伝燈は、仏法を燈にたとえたのである。演説は、上宮太子が仏教を説き弘められるであろう、と阿佐太子が申したのである。

また、新羅の国から、上宮太子を恋い慕われて、日羅《にちら》という聖人がおとずれ、聖徳太子を礼拝したてまつって、「敬礼救世観音大菩薩《きょうらいくせかんおんだいぼさつ》」と申しあげた。聖徳太子は救世観音でおわしますと、礼拝しまいらせたのである。「伝燈東方《でんとうとうぼう》」と申すのは、仏法を燈にたとえて、東方と申すのは、この日本国に仏教の燈を伝えておられると、日羅が申したのである。「粟散王《ぞくさんおう》」と申すのは、この日本国はきわめて小国であるという意味である。粟散というのは、粟粒を散らしたような小さな国の王に、聖徳太子がなりたもうた、と申したのである。

首楞厳院《しゅりょうごんいん》源信《げんしん》和尚《かしょう》の銘文《めいもん》

「我亦在彼摂取之中、煩悩障眼雖不能見、大悲無倦常照我身」

「我《が》亦《やく》在《ざい》彼《ひ》摂取《せつしゅ》之《し》中《ちゅう》」というのは、私もまた、かの阿弥陀仏の摂取のなかにある、とのたもうたのである。

「煩悩障眼《ぼんのうしょうげん》」というのは、私たちは煩悩によって眼をさえぎられている、という意味である。

「雖不能見《すいふのうけん》」というのは、煩悩の眼によって仏をみたてまつることは不可能であるといえども、という意味である。

「大悲無倦《だいひむけん》」というのは、如来の大慈大悲のおんめぐみは、倦《あ》きることがおわしまさぬと申すのである。

「常照《じょうしょう》我身《がしん》」というのは、常はつねにという意味、照はてらしたもうという意味であ

る。何ものも、障害することがない光明が、信心の人を常に照らしたもう、ということ
である。常に照らすというのは、常に護りたもうということである。我身は、この私の
身を弥陀の大慈大悲が倦《あ》きることなく、常に護りたもうと思え、ということである。摂
取不捨の御めぐみの意味をあらわしたもうのである。
「念仏衆生摂取不捨《ねんぶつしゅじょうせっしゅふしゃ》」の意味を解釈したもうたのである、と知れということである。

日本源空《にっぽんげんくう》聖人真影
四明山権律師劉官讃《ごんりつしりゅうかんのさん》。「普勧道俗念弥陀仏　能念皆見化仏菩薩　明知称名往生要術
宜哉源空慕道化物　信珠在心心照迷境　疑雲永晴仏光円頂　建暦壬申《けんりゃくにんしん》三月一日」

「普勧道俗念弥陀仏《ふかんどうぞくねんみだぶつ》」というのは、普勧はあまねくすすめるということである。道俗は、
道に二種類の人があり、俗にも二種類の人がある。道の二種類は、一には僧、二には比
丘尼である。俗の二種類は、一には仏法を信じ行ずる男である。二には仏法を信じ行ず
る女である。念弥陀仏と申すのは、尊号を口でとなえるということである。
「能念皆見化仏菩薩《のうねんかいけんけぶつぼさつ》」と申すのは、能念は、よく名号を念ずるということである。よく
念ずると申すのは、深く信じることである。皆見というのは、化仏（仏身に化しておられる
仏）・菩薩を見ようと思う人は、みんな見たてまつる、ということである。化仏・菩薩

と申すのは、弥陀の化仏・観音・勢至などの聖衆《しょうじゅ》である。

「明知称名《みょうちしょうみょう》」と申すのは、明らかに知った、仏のみ名をとなえれば「往生」するということを、「要術《ようじゅつ》」とするということである。往生の肝要としては、如来のみ名をとなえること以上のものはないということである。

「宜哉源空《ぎさいげんく》」と申すのは、宜哉はよしということである。源空は聖人のみ名である。

「慕道化物《ぼどうけもつ》」というのは、慕道は無上の仏道をねがい慕え、ということである。化物というのは、物というのは衆生である。化は、よろずのものを利益するということである。

「信珠在心《しんじゅざいしん》」というのは、金剛の信心をめでたい珠にたとえたもう。信心の珠を心に得た人は、生死の闇に惑わないゆえに、「心照迷境《しんしょうめいきょう》」というのである。信心の珠をもって愚痴の闇をはらい、あきらかに照らすということである。

「疑雲永晴《ぎうんようじょう》」というのは、疑雲は如来の願力を疑う心を雲にたとえたのである。永晴というのは、疑う心の雲を永く晴らしおえれば、安楽浄土へかならず生まれるのである。

無礙光仏が摂取不捨の心光をもって、信心を得た人を常に照らしたもうゆえに、「仏《ぶっ》光円頂《こうえんちょう》」というのである。仏光円頂というのは、仏心でもって明らかに、信心の人の頂きを常に照らしたもう、と賞めたもうたのである。これは、収めとりたもうゆえであると知るべきである。

比叡山延暦寺宝幢院《ほうどういん》黒谷《くろだに》源空聖人《げんくうしょうにんの》真像《しんぞう》

『選択本願念仏集』云、「南無阿弥陀仏　往生之業　念仏為本」

又曰、「夫速欲離生死、二種勝法中、且閣聖道門、選入浄土門。欲入浄土門、正雑二行中、且抛諸雑行、選応帰正行。欲修於正行、正助二業中、猶傍於助業、選応専正定。正定之業者、即是称仏名。称名必得生、依仏本願故」

又曰「当知生死之家以疑為所止、涅槃之城以信為能入」

『選択《せんじゃく》本願念仏集』というのは、源空聖人のご製作である。

「南無阿弥陀仏往生之業《おうじょうしごう》念仏《ねんぶつ》為《い》本《ほん》」というのは、安養浄土へ往生する正しい原因は、念仏を根本とする、と申すみ言葉であると知るべきである。正しい原因というのは、浄土に生まれて仏にかならずなる種子と申すのである。

また、いわく、「夫《ふ》速欲離生死《そくよくりしょうじ》」というのは、それ、すみやかに疾く生死を離れようと思え、ということである。

「二《に》種勝法中《しゅしょうほうちゅう》且閣聖道門《しゃかくしょうどうもん》」というのは、二種勝法（すぐれた法）は聖道・浄土の二門のことである。且閣聖道門は、且閣はしばらくさしおけ、ということである。しばらく聖道門をさしおくべきである、ということである。

「選入浄土門《せんにゅうじょうどもん》」というのは、選入は選んで入れ、ということである。よろずの善き教えのなかから、選んで浄土門に入るべきである、ということである。

「欲入浄《よくにゅうじょう》土《ど》門《もん》」というのは、浄土門に入ろうと思えば、ということである。

「正雑《しょうぞう》二《に》行中且抛諸雑行《ぎょうちゅうしゃほうしょぞうぎょう》」というのは、正*・雑の二行ふたつのなかから、しばらくもろもろの雑行を投げ捨て、さしおくべきである、ということである。

「選応《せんおう》帰《き》正行《しょうぎょう》」というのは、選んで正行に帰すべきである、ということである。

「欲修於正行正助二業中猶傍《よくしゅおしょうぎょうしょうじょにごうちゅうゆうぼう》於《お》助業《じょごう》」というのは、正行を修めようと思えば、正業・*助業ふたつのなかから、助業をさしおくべきである、ということである。

「選応専正定《せんおうせんしょうじょう》」というのは、選んで正定*の業を、ふたごころなく修めるべきである、ということである。

「正定《しょうじょう》之《し》業者即《ごうしゃそく》是《ぜ》称仏名《しょうぶつみょう》」というのは、正定の業因は、これすなわち仏名をとなえるのである。正定の因というのは、かならず無上涅槃の悟りを開く種子、と申すのである。

「称名必得生依仏本願故《しょうみょうひつとくしょうえぶつほんがんこ》」というのは、み名をとなえる者は、かならず安楽浄土に往生を得るのである。仏の本願によるがゆえである、とのたまわれたのである。

また、いわく、「当《とう》知生死《ちしょうじ》之《し》家《け》」というのは、当知は、まさに知るべきである、ということである。生死之家は、生死の家ということである。

「以《い》疑《ぎ》為《い》所《しょ》止《し》」というのは、大願業力の不思議を疑う心をもって、*六道・*四生《しょう》・*二十五有《う》・*十二類《るい》生《しょう》にとどまる、ということである。いまに久しく世に迷うと知るべきである、ということである。

「涅《ね》槃《はん》之《し》城《じょう》」と申すのは、安養の浄国をいうのである。これをこそ涅槃の都と申すのである。

「以《い》信《しん》為《い》能《のう》入《にゅう》」というのは、真実信心を得た人は、如来の本願に誓われている真実報土によく入ると知るべきである、とのたまわれたみ言葉である。信心は菩提の種子である。無上涅槃を悟る種子であると知るべきである、ということである。

法印聖覚和尚の銘文

「夫根有利鈍者、教有漸頓。機有奢促者、行有難易。当知聖道諸門漸教也、又難行也。浄土一宗者頓教也、又易行也。所謂真言止観之行、獼猴情難学。三論法相之教、牛羊眼易迷。然至我宗者、弥陀本願、定行因於十念、善導料簡、決器量於三心。雖非利智精進、専念実易勤。雖非多聞広学、信力何不備。乃至 然我大師聖人、為釈尊之使者、弘念仏一門。為善導之再誕、勧称名一行。専修専念之行、自此漸弘、無間無余之勤、在今始知。然則破戒罪根之輩、加肩入往生之道、下智浅才之類、振臂赴浄土之門。誠知、無明長夜之大燈炬也。何悲智眼闇、生死大海之大船筏也。豈煩業障重」抄略

「夫根有利鈍者《ふこんうりどんしゃ》」というのは、衆生の根本の性質に利鈍がある、ということである。利というのは、心の鋭利な人である。鈍というのは、心のにぶい人である。

「教有漸頓《きょううぜんとん》」というのは、衆生の根本の性質にしたがって、仏教に漸頓がある、ということである。漸は、順を追って仏道を修め、*三祇《ぎ》・百大劫《だいこう》の長期間をへて仏になることである。頓は、この娑婆世界にあって、この身においてたちまちに仏になると申すのである。これはすなわち、仏心・真言・法華・華厳などの悟りを開くのである。

「機有奢促者《きうしゃそくしゃ》」というのは、機に奢促がある。奢は、おそい心の者があること。促は、はやい心の者があることである。

それゆえに、「行有難易《ぎょううなんい》」というのは、仏道修行について、難行があり易行がある、ということである。難は聖道門自力の行である。易は浄土門他力の行である。

「当知聖道諸門漸教也《とうちしょうどうしょもんぜんぎょうや》」というのは、聖道の諸門はすなわち難行であり、また漸教であると知るべきである、ということである。

「浄土一宗者《じょうどいっしゅうしゃ》」というのは、浄土の一宗が頓教であり、また易行であると知るべきである、ということである。

「所謂《しょい》真言《しんごん》止《し》観之行《かんしぎょう》」というのは、真言は密教である。*止観は法華である。「獼猴《みこ》情難学《じょうなんがく》」というのは、この世の人の心を猿の心にたとえたのである。猿の心のように、定まらないということである。それゆえに、真言・法華の行は、修めがたく、行じがたいということである。

「三論《さんろん》法相之教《ほっそうしきょう》牛羊《ごよう》眼易迷《げんいめい》」というのは、この世の仏法者のまなこを、牛・羊のまなこにたとえて、三論・法相宗などの聖道自力の教えにはまどうであろう、とのたまわれたのである。

「然至《ねんし》我宗者《がしゅしゃ》」というのは、聖覚和尚がのたまわれて、〝わが浄土宗は、弥陀の本願に誓われている真実報土に往生する正しい原因であって、十声でも一声でも念仏をとなえれば、無上菩提にいたる〃と教えたもうのである。〝善導和尚のおん教えによれば、三心をそなえればかならず安楽浄土に生まれる、とのたまわれている〃と、聖覚和尚がのたまわれているのである。

「雖非《すいひ》利智《りち》精進《しょうじん》」というのは、智慧もなく、精励の人でもなく、鈍根であって怠惰な者も、専修専念の信心を獲得すれば往生すると心得よ、ということである。

「然我《ねんが》大師《だいし》聖人《しょうにん》」というのは、聖覚和尚が、源空聖人をわが大師聖人と、仰いで頼んでおられるみ言葉である。

「為《い》釈尊《しやくそん》之《し》使《し》者《しや》弘《ぐ》念仏《ねんぶつ》之《し》一門《いちもん》」というのは、源空上人は釈迦如来のおん使いとして、念仏の一門を弘めたもうと知るべきである、ということである。

「為《い》善導《ぜんどう》之《し》再誕《さいたん》勧《かん》称《しよう》 名《みよう》之《し》一行《いちぎよう》」というのは、法然上人は善導和尚の生まれかわりとして、称名の一行をすすめたもうのであると知るべきである、ということである。

「専修専念《せんじゆせんねん》之《し》行《ぎよう》自《じ》此《し》漸《ぜん》弘《ぐ》無間《むけん》無余《むよ》之《し》勤《ごん》」というのは、一向専修と申すことは、上人の布教によって弘まったと知るべきである、ということである。

「然則《ねんそく》破《は》戒《かい》罪根《ざいこん》之《し》輩《はい》加《か》肩《けん》入《にゆう》往生《おうじよう》之《し》道《どう》」というのは、然則は、弥陀がそのようにあらしめられているゆえに、この浄土の慣例として、破戒無戒の人も、罪業深き者も、すべてが往生すると知るべきである、ということである。

「下《げ》智《ち》浅才《せんさい》之《し》類《るい》振《しん》臂《ぴ》赴浄土《ふじようど》之《し》門《もん》」というのは、無智無才の者は浄土門に赴くべきである、ということである。

「誠知《じようち》無明《むみよう》長《じよう》夜《や》之《し》大燈《だいとう》炬《こ》也《や》何《か》悲《ひ》智《ち》眼闇《げんあん》」というのは、誠知は、まことに知った、という意味である。弥陀の誓願は、無明長夜の大いなる燈火《ともしび》である。どうして自分の智慧のまなこが暗いと悲しむことがあろうと思え、ということである。

「生死《しようじ》大海《だいかい》之《し》大船《だいせん》筏《ばつ》也《や》豈《き》煩業《ぼんごう》障《しよう》 重《じゆう》」というのは、弥陀の願力は、生死の大海を乗り超える大いなる船・筏《いかだ》である。自分が極悪深重の身であると嘆くべきではない、とのたまわれたのである。

「情思《ツラツラオモウニ》二教授《ノ》恩徳《ヲ》一　実等《マコトニヒトシキ》二弥陀悲願《ニ》一者《モノ》」というのは、師主の教えを思えば、弥陀の悲願に等しい、ということである。大師聖人のおん教えの恩が重く深いことを思い知るべきである、ということである。

「粉骨《ふんこつ》可《か》報《ほう》之《し》摧身《さいしん》可《か》謝《しゃ》之《し》」というのは、大師聖人のおん教えの恩徳の重いことを知って、骨を粉にしても報いるべきである、ということである。身を砕いても恩徳に報いるべきである、ということである。

よくよく、この聖覚和尚のこの教えを、拝見して意味を知るべきである、と。

和朝《わちょう》愚《ぐ》禿釈《とくしゃくの》　親鸞《しんらんが》『正信偈《しょうしんげ》』の文《もん》

本願名号正定業　至心信楽願為因　成等覚証大涅槃　必至滅度願成就
如来所以興出世　唯説弥陀本願海　五濁悪時群生海　応信如来如実言
能発一念喜愛心　不断煩悩得涅槃　凡聖逆謗斉廻入　如衆水入海一味
摂取心光常照護　已能雖破無明闇　貪愛瞋憎之雲霧　常覆真実信心天
譬如日光覆雲霧　雲霧之下明無闇　獲信見敬得大慶　即横超截五悪趣

「本願名《ほんがんみょう》　号正《ごうしょう》　定《じょう》　業《ごう》」というのは、選択本願の行、というのである。

「至心信楽願為因《ししんしんぎょうがんいいん》」というのは、阿弥陀仏が私たちに廻向したもう真実信心である。この信心を、無上の悟りを得る原因とするべきである、ということである。

「成 等覚証《じょうとうがくしょう》大涅槃《だいねはん》」というのは、成等覚というのは、正定聚の位である。この位を龍樹菩薩は「即時入必定《そくじにゅうひつじょう》」とのたまわれている。曇鸞《どんらん》和尚は「入正定之数《にゅうしょうじょうしじゅ》」と教えたもうのである。これはすなわち、弥勒の位と等しい、ということである。証大涅槃というのは、「第十一の必至滅度の願が成就している」ゆえに、必ず大いなる涅槃を悟ると知るべきである。滅度と申すのは、大涅槃のことである。

「如来所以興出世」というのは、もろもろの仏がこの世に出現したもう理由は、と申すみ教勅である。

「唯説弥陀本願海《ゆいせつみだほんがんかい》」というのは、もろもろの仏がこの世に出現したもう根本の願いは、ひとえに弥陀の、すべての人びとが等しく救われる誓願海を説かんがためである、ということである。それゆえに『大経』には、「如来所以興出世《にょらいしょいこうしゅつせ》、欲拯群萠恵以真実之利《よくじょうぐんもうえいしんじつしり》」と説きたもうたのである。如来所以興出世というのは、如来と申すのは、もろもろの仏と申すのである。所以というのは、故《ゆえ》というみ言葉である。興出世というのは、この世に仏が出現したもう、と申すみ言葉である。欲拯群萠は、欲というのは、思し召すということである。拯は、救おうということである。群萠は、よろずの衆生を救おうと思し召す、ということである。もろもろの仏がこの世に出現したもう理由は、弥陀のおん誓いを説いて、よろずの衆生を助け救おうと思し召されたからである、と知るべきである。

「五濁《ごじょく》悪時《あくじ》群生海《ぐんじょうかい》応信《おうしん》如来《にょらい》如実言《にょじつごん》」というのは、五濁の悪世に生きるよろずの衆生は、釈迦如来のみ言葉を深く信じて受容せよ、ということである。

「能発《のうほつ》一念《いちねん》喜愛心《きあいしん》」というのは、能は、よくということである。発は起こすということであり、開くということである。一念喜愛心は、一念慶喜の（一度の念仏をよろこぶ）真実信心であって、これがよく開ければ、かならず本願に誓われている真実報土に生まれると知るべきである。慶喜というのは、信を得てのちによろこぶ心をいうのである。

「不断《ふだん》煩悩《ぼんのう》得《とく》涅槃《ねはん》」というのは、不断煩悩は煩悩を断ち捨てないで、ということである。得涅槃と申すのは、無上の大涅槃を悟ることを得ると知るべきである。

「凡聖《ぼんしょう》逆謗《ぎゃくほう》斉廻入《さいえにゅう》」というのは、*小聖・凡夫・五逆・謗法・無戒・*闡提《せんだい》の輩《ともがら》すべてが、心をひるがえして真実信心の海に帰入してしまえば、もろもろの流れが海に入れば一つの味になるようなものである、とたとえたのである。これを「如衆水入海一味《にょしゅしいにゅうかいいちみ》」というのである。

「摂取《せっしゅ》心光《しんこう》常照護《じょうしょうご》」というのは、信心を得た人をば、無碍光仏の心光が常に照らし護りたもうゆえに、無明の闇が晴れて、生死の長い夜がすでに暁になったと知るべきである、ということである。

「已《い》能《のう》雖《すい》破《は》無明闇《むみょうあん》」というのは、この意味である。信心を得れば暁になったようである、と知るべきである。

「貪《とん》愛《あい》瞋《しん》憎《ぞう》之《し》雲《うん》霧《む》常《じょう》覆《ふく》真《しん》実《じつ》信《しん》心《じん》天《てん》」というのは、私たちの貪《むさぼ》りや愛や瞋《いか》りや憎しみが雲や霧にたとえられているのであって、常に信心の天に覆っていると知るべきである。

「譬《ひ》如《にょ》日《にち》月《がっ》覆《ふく》雲《うん》霧《む》雲《うん》霧《む》之《し》下《げ》明《みょう》無《む》闇《あん》」というのは、日や月が雲や霧に覆われているとはいえ、闇は晴れているのであり、雲や霧の下が明るいように、貪《とん》愛瞋《しん》憎の雲霧に信心は覆われているとはいえ、往生の障害になるはずはないと知るべきである、ということである。

「獲《ぎゃく》信《しん》見《けん》敬《きょう》得《とく》大《だい》慶《きょう》」というのは、この信心を得て大いに喜び敬う人、というのである。大慶は、得るべきものを得たのちに大いによろこぶ、ということである。

「即《そく》横《おう》超《ちょう》截《ぜつ》五《ご》悪《あく》趣《しゅ》」というのは、信心を得れば、すなわち横ざまに*五悪趣を切るのであると知るべきである、ということである。即横超は、即は、すなわちということである。信を得る人は、時を経ず日をへだてないで正定聚の位に定まるのを即というのである。横は、よこざまということである。如来の願力である。他力を申すのである。超は、こえてということである。生死の大海をたやすくよこざまにこえて、無上大涅槃の悟りを開くのである。

信心を浄土宗の正意と知るべきである。この心を得れば、他力には義がないことをもって義とすると、本師聖人が仰せられたことである。義というのは、行者のおのおののはからう心である。それゆえに、おのおのがはからう心を持っていることをば、自力というのである。よくよく、この自力のさまを心得るべきである、ということである。

正嘉二年戊午六月二十八日これを書く

愚禿親鸞八十六歳

一念多念文意　いちねんたねんもんい

付　一念多念分別事

『一念多念文意』は、隆寛律師の『一念多念分別事』に引証する経釈の要文及びその他の要文について註釈を加え、その意味を明らかにした書。後世の刊本は『一念多念証文』と題している。

宗祖在世の頃、浄土門の諸流派がそれぞれ自説を主張して異義を立てたが、その論争点の一つに、いわゆる一念・多念の問題があった。すなわち、往生は一念の信心あるいは一声の称名においてすでに決定するのであるから、一たび往生の因がさだまりさえすれば、その後は念仏を称える必要がないなどと極端な説をなす一念義と、往生は臨終のきわまで決定しないから、一生涯をかけて自己の力のかぎりをつくして称名にはげまねばならないと主張する多念義との争論である。この両極の主張に対して、いずれに偏するのも誤であると指摘したのが、隆寛の『一念多念分別事』であって、宗祖はこの隆寛の書を尊重し、しばしば書写して門徒に与えられた。そして隆寛の一念と多念とに偏することをいましめた証文が、無学な田舎の人々にはなお難解であることをおもんばかって、『一念多念文意』を著わし、ねんごろにその文意を解明された。読者の便をかんがえて両書を収載した。文頭に◎印を付したのが『一念多念分別事』の本文で、一字さげに記した方が『一念多念文意』である。

◎念仏の行について、一念（極楽往生はただ一声の念仏で十分）か多念（数多く念仏をとなえなければならない）かという論争が、このごろ盛んに聞こえている。これは、きわめて重大なことがらである。よくよく論争をつつしむべきである。一念を主張して多念をきらうのも、多念を主張して一念をそしるのも、いずれも本願のご主旨にそむいておれば、善導の教えをも忘れた主張でしかない。

一念の主張をまちがっていると思ってはならないということ

◎多念は一念の積みかさねである。その理由は、人の命は毎日毎日、今日で終わるかもしれぬと思い、毎時毎時に、今にも終わるぞと思うべきであるゆえである。命の境遇は無常である。生まれて仇《あだ》な仮りの姿であるゆえに、風の前の灯火をみても、草の上の露に思いを寄せても、たちまちに息がとまり命が絶えることは、賢い者も愚かな者も、一人として逃がれるべき手段がないことにひとしい。それゆえに、今すぐにでも眼《まなこ》が閉じはててしまうものであれば、弥陀の本願に救われて、極楽浄土へ迎えられたてまつろうと思って、南無阿弥陀仏ととなえることは、一念(ただ一声の念仏)の無上の功徳をたのみ、一念の広大な利益を仰いでいるのである。

しかるに命が長らえてゆくがゆえに、この基本の一念が二念・三念にもなり、十念・二十念にもなってゆくのである。この基本の一念が、このように重なり積ってゆけば、一時《いっとき》にも二時にもなり、一日にも二日にも一月にも二月にもなり、一年にも二年にも十年にも二十年にも七十年にも八十年にもなってゆくのである。しかし、何時まで生きていようと、私はどうして今日まで生きてきたのであろう、ただ今が、この世の終わりであるまいかと思いつづけていることが、人の身の一定した有様である。それゆえに、善導は「恒願《ごうがん》一切《いっさい》臨終時《りんじゅじ》、勝縁《しょうえん》勝境《しょうきょう》悉《しつ》現前《げんぜん》」(「往生礼讃」)と人びとに願わしめて、「恒願《ごうがん》一切《いっさい》臨終時《りんじゅじ》、勝縁《しょうえん》勝境《しょうきょう》悉《しつ》現前《げんぜん》」というのは、「恒」はつねにという、「願」はねがうという意味である。この教えの場合、つねにというのは、心が持続していることである。折りに従って、その時その時に極楽往生を願えということである。この教えの場合、つねにというのは、常《じょう》の意味ではない。常というのは、つねなること、すなわち、ひまがあってはならないという意味である。ひとときも絶えず、いずこにいようと隔てずきらわず念仏したりすることを、常というのである。

「一切臨終時」というのは、極楽を願うよろずの衆生が、命が終わろうとするときまで、という言葉である。

「勝縁勝境」というのは、仏をも見たてまつり、光をも見、浄土の妙えなる香りをもかぎ、*善知識のすすめにも会おうと思え、ということである。

「悉現前」というのは、これらさまざまのめでたい事柄が、目の前に現われたまえと願え、ということである。

◎毎瞬毎瞬に怠たることなく、まさに往生するその時まで、念仏するべきであるということを、ねんごろに薦められたもうたのである。すでにして、一念をはなれた多念もなく、多念をはなれた一念もないはずである。にもかかわらず、ひとえに多念でなければならぬと定めてしまえば、『無量寿経』の中に、あるいは「諸有衆生、聞其名号、信心歓喜、乃至一念、至心廻向、願生彼国、即得往生、住不退転」と説き、

『無量寿経』の中に、あるいは「諸有衆生《しょうしゅじょう》、聞其名号《もんごみょうごう》、信心歓喜《しんじんかんぎ》、乃至一念《ないしいちねん》、至心廻向《ししんえこう》、願生彼国《がんしょうひこく》、即得往生《そくとくおうじょう》、住不退転《じゅふたいてん》」と説きたもうておられる。

「諸有衆生」というのは、全宇宙のよろずの衆生という意味である。

「聞其名号」というのは、本願の名号を聞くとのたもうておられるのである。聞くというのは、本願を聞いて、疑う心がないことを「聞」というのである。また、聞くと

いうのは、信心をあらわすご教勅である。

「信心歓喜乃至一念」というのは、「信心」は、如来のおん誓いを聞いて、疑う心がないことである。「歓喜」というのは、「歓」は身をよろこばしめることであり、「喜」は心をよろこばしめることである。得るべきことを得るであろうと、かねて以前からよろこぶという意味である。「乃至」は、多きをも、少なきをも、久しきをも、近きをも、先をも、後をも、すべてを兼ねて収めている言葉である。「一念」というのは、信心を得る時の、きわまりをあらわす言葉である。

「至心廻向」というのは、「至心」は、真実という言葉である。真実は阿弥陀如来のおん心である。「廻向」は、本願の名号をもって、全宇宙の衆生にお与えになるみ教勅である。

「願生彼国」というのは、「願生」は、よろずの衆生が、本願に誓われている真実報土へ生まれようと願え、ということである。「彼国」は、かの国ということである。安楽国を教えたもうておられるのである。

「即得往生」というのは、「即」は、すなわちということであり、時を経ず、日をも隔てないことである。また「即」は、つくということであり、その位に定まりつくという言葉である。「得」は、得るべきことを得たということである。真実信心を得れば、すなわち、*無礙光仏のおん心のうちに摂取して、捨てたまわないのである。摂は、収めたもう、取はむかえとるという意味である。如来が念仏する者を収めとりたもう時に、すなわち時《とき》・日《ひ》をも隔てず、正定聚の位につき定まることを、「往生を得」とのたもうておられるのである。

それゆえに、第十一の必至滅度の誓願を『大無量寿経』に説きたもうて、「設我得《せつがとく》仏《ぶつ》、国中人天《こくちゅうにんでん》、不住定聚《ふじゅじょうじゅ》、必至滅度者《ひっしめつどしゃ》、不取正覚《ふしゅしょうがく》」と、如来は願じたもうたのである。また『経（如来会）』には、「若我成仏《にゃくがじょうぶつ》、国中有情《こくじゅううじょう》、若不決定《にゃくふけつじょう》、成等正覚《じょうとうしょうがく》、証大《しょうだい》涅槃者《ねはんしゃ》、不取菩提《ふしゅぼだい》」と如来は誓いたもうたのである。この願が成就したことを、釈迦如来が説きたもうて、「其有衆生《ごうしゅじょう》、生彼国者《しょうひこくしゃ》、皆悉住《かいしつじゅ》於《お》正定《しょうじょう》之《し》聚《じゅ》、所以者何《しょいしゃが》、彼仏《ひぶつ》国中《こくちゅう》、無諸邪聚《むしょじゃじゅ》、及不定聚《ぎゅうふじょうじゅ》」とのたもうたのである。

これらの経文の意味は、第十一願は、「たとえ私が仏になることができるとしても、私が造った国に住む人間や天人が、定聚の位に住んでかならず滅度にいたることがなければ、私は仏にならない」と誓いたもうたという意味である。次ののたまいは、「もしも私が仏になることができるとしても、私が造った国に住むすべての衆生が、必ず等正覚を成就して大涅槃を証しなければ、私は仏にならない」と誓いたもうておられるのである。

阿弥陀如来が法蔵菩薩でおわしました時に、このようにお誓いになったことを、釈迦如来が五濁のわれらのために、右のように説きたもうたのである。その意味は、「衆生のなかにあって、かの極楽浄土に生まれようとする者は、みなことごとく正定聚の位に住む。理由はなぜかといえば、かの仏国のなかには、もろもろの邪聚および不定聚はいないゆえである」という宣《のたま》いである。

この弥陀・釈迦二尊のご教勅を見たてまつれば、〃すなわち往生す〃とのたもうておられるのは、正定聚の位に定まることを、〃不退転（二度と生死輪廻の世界に退転しない）に住す〃とのたもうておられるのである。私たちがこの位に定まれば、かならず無上大涅槃にいたる身となるがゆえに、〃等正覚をなる〃とも説き、〃*阿毗抜致《あびばっち》にいたる〃〃*阿惟越致《あゆいおっち》にいたる〃とも説きたもうのである。即時入必定《そくじにゅうひつじょう》（そくざにかならず定聚の位に入る）とも申すのである。この真実信楽は他力横超の金剛心である。

それゆえに念仏の人をば、『大経』には「次如《しにょ》弥勒」と説きたもうのである。弥勒は*竪《じゅ》の金剛心の菩薩である。竪と申すのは、たてさまという言葉である。これは聖道自力の難行道の人である。横はよこさまにということである。超はこえてということである。これは、阿弥陀仏の大願業力の船に乗ってしまえば、生死の大海をよこさまにこえて、真実報土の岸に着く、ということである。「次如弥勒」と申すのは、「次」

はちかしという、また、つぎにという意味である。ちかしというのは、弥勒は大涅槃にいたりたもうべき人である。それゆえに、弥勒のごとしとのたもうておられるのであって、念仏信心の人も大涅槃に近づく、という意味である。つぎにというのは、弥勒は釈迦仏のつぎに五十六億七千万年を経て、*妙覚の位にいたりたもうであろう、ということである。「如」はごとしということである。ごとしというのは、他力信楽の人は、この世のうちにあって不退の位にのぼり、つぎの世にかならず大般《だいはつ》涅槃の悟りを開くであろうことが、弥勒のごとし、ということである。

曇鸞の『浄土論註』(巻下)にいう、「経言《きょうにのたまわく》、若人但聞彼国土清浄安楽《にゃくにんたんもんひこくどしょうじょうあんらく》、剋《こく》念願生《ねんがんしょう》、亦得往生《やくとくおうじょう》、即入正定聚《そくにゅうしょうじょうじゅ》、此是国土名字《しぜこくどみょうじ》為仏事《いぶつじ》、安可思議《あんかしぎ》」とのたもうておられる。この文の意味は、〝もし人があって、ひとえにかの国の清浄安楽であることを聞いて、心にきざみつけて生まれようと願えば、その人も、またすでに極楽往生を得た人も、ともに正定聚の位にいるのである。これはどういうことかといえば、かの国の名を聞くだけで〝すでにして仏のみわざが行われていることである。どうして不思議でないことがあろう〟とのたもうておられるのである。安楽浄土の言うべからざる、説くべからざる、思議すべからざる徳を、求めることを知ることもないのに、信じる人に得させてくだされると知るべきである、ということである。

また王日休《おうにちきゆう》の『龍舒浄土文』には、「念仏衆生便同弥勒《ねんぶつしゆじようべんどうみろく》」と言われている。「念仏衆生」は、金剛の信心を得た人である。「便」は、すなわちという意味であり、たよりという意味でもある。信心の方便によって、すなわち正定聚の位に住まわせたもうがゆえに、という意味である。「同」は、同じである、という意味である。念仏の人が無上涅槃にいたることは、弥勒に同じき人、と申すのである。

また『観無量寿経』に、「若念仏者《にやくねんぶつしや》、当知此人是人中分陀利華《とうちしにんぜにんちゆうふんだりけ》」とのたまわれている。「若念仏者」と申すのは、もし念仏する人は、と申すのである。「当知此人是人中分陀利華」というのは、まさにこの人はこれ、人間の中の分陀利華（白蓮華）であると知るべきである、ということである。これは、如来のみ言葉において、分陀利華を念仏の人にたとえたもうのである。この華《け》は人間のなかの上上華である。好華であり、妙好華であり、希有華であり、最勝華である、と賞めておられるのである。

光明寺の善導和尚のおん釈『散善義』には、念仏の人を上上人・好人・妙好人・希有人・最勝人、と賞めたもうのである。

また、善導和尚が、念仏者の現生護念《げんしようごねん》の利益《りやく》（この世で阿弥陀仏に護られる利益）を教えたもうにさいしては、『観念法門』に、「但有専念阿弥陀仏衆生、彼仏心光常照是人摂護不捨、捴不論照摂余雑業行者、此亦是現生護念増上縁」とのたもうておられる。

この文の意味は、「但有専念《たんうせんねん》阿弥陀仏衆生」というのは、ひとすじに弥陀仏を信じたてまつる、と申すみ言葉である。「彼仏心光《ひぶっしんこう》」と申すのは、「彼」はかれと申し、「仏心光」と申すのは、無礙光仏のおん心、と申すのである。「常照是人《じょうしょうぜにん》」というのは、「常」はつねであること、ひまなくたえずということである。「照」は、てらすということである。それゆえに、時をきらわず、所をへだてず、ひまなく真実信心の人をば、つねにてらしまもりたもうのである。かの仏心によって、つねにひまなくまもりたもうゆえに、弥陀仏をば不断光仏と申すのである。「是人」というのは、是は非に対立する言葉である。真実信心の人をば是人と申す。虚仮《こけ》疑惑の者をば非人という。非人というのは、人間ではないときらい、悪い者という意味である。是人は、よき人と申すのである。「摂護不捨《しょうごふしゃ》」というのは、「摂」は収めとるという意味である。「護」は所をへだてず、時をわかたず、どのような人であれ、信心ある人をば、ひまなくまもりたもう、ということである。まもるというのは、信心ある人は異学異見の輩《ともがら》に破られず、別解《べつげ》別行《べつぎょう》の者にさえぎられず、*天魔《てんま》波旬《はじゅん》に侵されず、悪鬼悪神がなやますことがない、ということである。「不捨」というのは、信心の人を、智慧光仏のおん心に収めまもって、つねにその心光のうちに住まわしめ、ひとときたりともお捨てにならないと、知らしめようと申すご教勅である。「捴不論照摂余雑業行者《そうふろんしょうしょうよぞうごうぎょうしゃ》」

というのは、「捴」は、みなということである。「不論」は、いわず、という意味である。「照摂」は、照らし、収む、という意味である。「余の雑業」というのは、もろもろの善業である。雑行を修めたり、雑修を好む者をば、すべてみな照らし収めるとは言わぬという、護らぬとのたもうておられるのである。これらの者は本願の行者ではないゆえに、摂取の利益にあずからないと、知れということである。この世において護らぬ、という意味である。「此亦是現生護念《しゃくぜげんじょうごねん》」というのは、この世において護らせたもう、ということである。本願の業力は信心の人に強くはたらくがゆえに、増《ぞう》上縁《じょうえん》というのである。信心を得ることをよろこぶ人をば、ある経*（華厳経）には、「諸仏にひとしい人」と説きたもうのである。

首楞厳院《しゅりょうごんいん》の源信和尚の『往生要集』に、「我亦在彼摂取之中《がやくざいひせっしゅしちゅう》、煩悩障眼雖不能見《ぼんのうしょうげんすいふのうけん》、大悲無倦常照我身《だいひむけんじょうしょうがしん》」とのたまわれている。この文の意味は、〝私もまたかの弥陀如来の摂取のなかにいる。しかし煩悩がまなこをさえぎって、見たてまつることができない。とはいえ、弥陀の大悲は倦《あ》きることなく、常にわが身を照らしたもう〟とのたもうておられるのである。

◎あるいは『大無量寿経』（巻下）に、「乃至一念《ないしいちねん》、念於彼仏《ねんおひぶつ》、亦得往生《やくとくおうじょう》」と証《あか》し、あるいは「其有得聞彼仏名号、歓喜踊躍、乃至一念、当知此人為得大利、則是具足無上功徳」と確かに教えておられるのである。

「其《ご》有《う》得《とく》聞《もん》彼《ひ》仏《ぶつ》名号《みょうごう》」というのは、本願の名号を信じよと、釈尊が説きたもうたご教勅である。「歓喜《かんぎ》踊躍《ゆやく》、乃至《ないし》一念」というのは、「歓喜」は、得るべきことを得るだろうと、かねて以前からよろこぶ心である。「踊」は、天におどるという意味である。「躍」は、地におどるという意味である。よろこぶ心がきわまりないかたちである。慶楽する有様をあらわすのである。慶は得るべきことを得て、のちによろこぶ心である。楽はたのしむ心である。これは、正定聚の位を得るかたちをあらわすのである。「乃至」は、名号をとなえる度数が定まっていないことをあらわすのである。「一念」は、功徳のきわまりである。一念に万徳がことごとくそなわっている。よろずの善が、すでにおさまっているのである。「当《とう》知《ち》此《し》人《にん》」というのは、信心の人をあらわすご教勅である。「為《い》得《とく》大《だい》利《り》」というのは、無上涅槃を悟るゆえに、「則《そく》是《ぜ》具《ぐ》足《そく》無《む》上《じょう》功《く》徳《どく》」とものたもうておられるのである。「則」というのは、すなわちという意味であり、のりと申す言葉である。如来の本願を信じて一度念仏すれば、かならず、求めずして無上の功徳を得、知らずして広大の利益を得るのである。これは自然にさまざまの悟りを、〝すなわち開く法則〟である。法則というのは、最初から念仏行者のはからいではなく、もともと不可思議の利益にあずかることが、自然の有様と申すことを知らしめることを、法則というのである。一念信心を得る人の有様が、自然であることをあらわすのを法則と申すのである。

『大無量寿経』で「無諸邪聚及不定聚《むしょじゃじゅぎゅうふじょうじゅ》」というのは、「無」はなしという、「諸」はよろずのことという言葉である。「邪聚」というのは、雑行・雑修・万善・諸行の人は真実報土にはいないゆえである、という意味である。「及」は、およぶということである。「不定聚」は、自分の念仏・疑惑の念仏の人は真実報土にいない、ということである。正定聚の人のみ、真実報土に生まれるゆえである。

◎善導和尚《かしょう》も、『大無量寿経』のこころによって、『往生礼讃』に、「歓喜至《かんぎし》一念、皆《かい》当得生彼《とうとくしょうひ》（歓喜して一念にいたれば、すべての者がまさしくかの国に生まれうる）」とも、「爾時聞一《にじもんいち》念《ねん》、皆当得生彼《かいとうとくしょうひ》（その時に一声の念仏を聞けば、すべての者がまさしくかの国に生まれうる）」とも、「十声《しょう》・一声・一念等、定得《じょうとく》往生（十声の者も、一声の者も、一念の者も、定まって往生を得る）」とも定めたもうておられる。それらを用いないで、さらにすぐれた浄土や教えが、どうしてあることがあろう。

　これらの文類は、一念の正しさを証明する文章である。私の考えのすべては書きあらわしていない。以上によって推し量っていただきたい。

多念の主張を間違っていると思ってはならないということ

◎このように言うからとて、ひとえに一念の往生を正しいとし、多念を間違っているというのであれば、それは本願の文にある「乃至十念」の意にそってはいない。

阿弥陀仏は本願の文で、「乃至十念」と誓いたもうておられる。すでに十念と誓いたもうておられることによって、一念にかぎらないということを知るべきである。いわんや、乃至と誓いたもうておられる。弥陀の名をとなえる回数は定まっていないのである。この誓願は、すなわち*易往・易行の道をあらわし、大慈大悲にきわまりがないことを示したもうのである。

◎一念を主張する人びとは、『阿弥陀経』に説かれている一日乃至七日間称名せよという教えを、無意味なことになしはてているのであろうか。

『阿弥陀経』には、一日乃至七日のあいだ名号をとなえよと、釈迦如来が説きおいておられるご教勅がある。この経は無問自説経《むもんじせっきょう》と申す。釈迦如来がこの経を説きたもうたさいに、問いたてまつる人もいなかったゆえである。これはすなわち、釈尊が世に出でたもうた根本の志をあらわそうと思し召されたゆえに、無問自説と申すのである。弥陀が選択された本願も、全宇宙の諸仏の誠意をもってする証明も、諸仏が世に出でたもうた根本の志も、無数の如来が念仏者を護りたもうのも、すべてが（第十七願に説かれているように）諸仏の、弥陀の偉業を賞めたたえようとするおん誓いをあらわそうとされた行為である。

諸仏が弥陀の名をとなえることについての（第十七の）誓願は、『大無量寿経』に、「設我得仏《せつがとくぶつ》、十方世界無量諸仏、不悉咨嗟称我名者《ふしっししゃしょうがみょうしゃ》、不取正覚《ふしゅしょうがく》」と願じたもうておられる。この悲願の意味は、「たとえ私が仏になることができたとしても、全宇宙の無数の仏たちが、ことごとくほめたたえて私の名をとなえなければ、私は仏にならない」と誓いたもうておられるのである。「咨嗟」と申すのは、よろずの仏に賞められたてまつる、と申すみ言葉である。

◎これらの『経』によって善導和尚は、『散善義』に、また「一心専念弥陀名号、行住坐臥不問時節久近、念念不捨者、是名正定之業、順彼仏願故」と定めおかれ、「一念専念」というのは、「一心」は金剛の信心である。「専念」は一向専修《いっこうせんじゅ》（ひたすら念仏のみをとなえること）である。一向とは念仏以外の善行に移らず、弥陀以外の仏を念仏しないことである。専修とは本願のみ名をふたごころなく、もっぱら修することである。修とは、もともと定まらない心を、つくろいなおして行なうことである。専は、もっぱらということである。一ということである。もっぱらというのは、念仏以外の善行や弥陀如来以外のみ仏に移る心がないことをいうのである。「行住坐臥不問《ぎょうじゅうざがふもん》時節久近《じせつくごん》」というのは、「行」は、あるくことである。「住」は、とどまることである。「坐」は、いることである。「臥」は、ふせることである。「不問」は、とわないということである。「時」は、ときである。子《ね》から亥《い》までの十二時である。「節」は、ときである。十二月四季のことである。「久」は、ひさしいこと、「近」は、ちかしいことである。ときをえらばず念仏をとなえるゆえに、不浄のときを避けない。仕事もきらわず念仏するゆえに、不問というのである。「是名正定之業《ぜみょうしょうじょうしごう》、順彼仏願《じゅんぴぶつがん》故《こ》」というのは、阿弥陀仏の弘大なる誓願を信じることが真実報土へ往生する原因と定まることを、正定の業と名づく（是名）というのである。仏の願に従うがゆえに、と申す文章である。

◎善導和尚は、あるいは同じく『散善義』に、「誓畢此生無有退転《せいひつししょうむうたいてん》、唯以浄土為期《ゆいいじょうどいご》」と教えて、死ぬまでとなえつづけよ、とすすめておられる。一念を主張する者は、このお教えをも間違ったこととしてしまうのであろうか。浄土門に入ったにもかかわらず、善導和尚のかかるねんごろな教えを破りそむく輩《ともがら》は、異学・別解の人びと以上の仇《あだ》である。末永く三途の*すもりとなって、浮かぶ世のあるはずがない。情ないことである。

一念・多念の論争をする人びとをば、異学・別解の人というのである。異学というのは、聖道門や仏教以外の道におもむいて、念仏以外の行を修し、弥陀以外の仏を念じるのである。*吉日良辰《きちにちりょうしん》をえらび、*占相祭祀《せんそうさいし》を好む者たちである。これは外道《げどう》である。これらの人は、ひとえに自力をたのむ者である。別解とは、念仏をしながら他力をたのまぬことである。別というのは、ひとつのことをふたつにわけてしまう言葉である。解は、さとるという意味である。とく（解）という言葉である。念仏をしながら、自分の力で悟ってしまおうとするのである。しかるがゆえに、別解というのである。また、*助業をこのむ人びとは、これがすなわち自力を励む人びとである。自力というのは、自分の身をたのみ、自分の心をたのむことである。自分の力をはげみ、自分のさまざまな善根をたのむ人である。

◎それによって、善導和尚はあるいは「上尽一形下《げ》至《し》十念三念五念仏来迎《らいこう》、直為弥陀弘誓重、致使凡夫念即生《ちしぼんぶねんそくしょう》」と、

「上尽一形《じょうじんいちぎょう》」というのは、「上」はかみという、すすむという、のぼるという、命終わるときまでという意味である。「尽」は、つきるまでという意味である。「形」はかたちという、あらわすという意味である。私たちが念仏するのは、命が終わるときまで、ということである。「十念三念五念の者もむかえたもう（十念三念五念仏来迎）」というのは、念仏の回数によらないことをあらわすのである。「直為弥陀弘誓重《じきいみだぐぜいじゅう》」と

いうのは、「直」は、ただしいという意味であり、如来の直説ということである。諸仏が世に出でたもう根本の意思を申される言葉を、直説というのである。「為」は、なすという意味である。また、もちいるという、さだまるという、かれという、これという、あうという意味である。あうというのは、かたちという意味である。「重」は、かさなるという、おもいという、あつ(厚)いという意味である。誓願の名号は、これをもちいて定め為したもうことが、重なっていると思うべきであることを、知らせようとしておられるのである。

それゆえに『大無量寿経』には、「如来所以興出於世、欲拯群萠、恵以真実之利」とのたまわれている。この文の意味は、「如来」と申すのは、諸仏を申すのである。「所以《しょい》」は、ゆえという言葉である。「興出於世《こうしゅつおせ》」というのは、仏が世に出でたもう、と申すのである。「欲」は、思し召すと申すのである。「拯《じょう》」は、すくうということである。「群萠《ぐんもう》」は、よろずの衆生という意味である。「恵《え》」は、めぐむと申すことである。「真実之利《しんじつしり》」と申すのは、弥陀の誓願を申すのである。

それゆえに、諸仏がつぎつぎに世の中に出でたもう理由は、弥陀の願力を説いて、よろずの衆生を恵み救おうと思し召しておられることを、根本の志としたもうのである。それゆえにこそ「真実之利」と申すのである。それゆえに、これを諸仏出世の直説と申すのである。およそ仏教八万四千の法門は、すべてこれ浄土の真実の教えに導くための方便の善である。これを要門というのである。これを仮門と名づけるのである。この要門・仮門というのは、すなわち『無量寿仏観経』一部（一巻）に説きたもう定善・散善である。*定善は十三観であり、散善は三福九品の諸善である。これはすべて*浄土方便の要門である。これを仮門ともいうのである。この要門・仮門を通じて、もろもろの衆生をすすめこしらえて、本願一乗・円融・無礙・真実功徳・大宝海に教えすすめいれたもうがゆえに、よろずの自力の善業をば、方便の門と申すのである。いま一乗と申すのは本願である。円融と申すのは、よろずの功徳・善根がみちみちてかけることなく、自在であるという意味である。無礙と申すのは、煩悩・悪業にさえぎられず、破られないことをいうのである。真実功徳と申すのは、名号である。一実真如の妙《た》えなる理法が円満しているがゆえに、大宝海にたとえたもうのである。一実真如と申すのは、無上大涅槃である。涅槃はすなわち法性《ほっしょう》である。法性はすなわち如来である。宝海と申すのは、阿弥陀仏の本願がよろずの衆生をきらわず、障害なく、へだてず、浄土へみちびきたもうことを、大海の水にへだてがないことにたとえたもうのである。

　この一如宝海よりかたちをあらわして、法蔵菩薩と名のりたもうて、無礙の誓いを起こしたもうたことを種子（原因）として、阿弥陀仏となりたもうたがゆえに、報身如来と申しあげるのである。これを尽十方無礙光仏と名づけたてまつったのである。この如来を南無不可思議光仏とも申すのである。この如来を方便法身と申すのである。方便と申すのは、かたちをあらわし、み名を示して、衆生に知らしめたもうことを申すのである。すなわち阿弥陀仏である。この如来は光明である。光明は智慧である。智慧は光のかたちである。智慧もまたかたちがないゆえに、不可思議光仏と申すのである。この如来は全宇宙のすべての世界にみちみちたもうがゆえに、無辺光仏と申す。それゆえに、世親菩薩は『浄土論』において、「尽十方無礙光如来（全宇宙にみちみちるいかなるものも障害せぬ光の如来）」と名づけたてまつりたもうたのである。

『浄土論』には、「観仏本願力、遇無空過者、能令速満足、功徳大宝海」とのたまわれている。この文の意味は、〝阿弥陀仏の本願力を観想すれば、これに出会って空しく生死の世界を生きるものはいない。本願力は、よくすみやかに功徳の大宝海を満足させる〟とのたもうておられるのである。

「観《かん》」は、願力を心に浮かべみると申すことである。また、知るという意味である。

「遇《ぐ》」は、出会うという意味である。出会うと申すのは、本願力を信じることである。

「無《む》」は、なしということである。「空《く》」は、むなしくということである。「過《か》」は、すぎるということである。「者《しゃ》」は、人ということである。空しく過ぎる人がないというのは、信心ある人は、空しく生死の世界にとどまることがないという意味である。「能《のう》」は、よくということである。「令《りょう》」は、せしむということである。よしということである。「速《そく》」は、すみやかにということである。「満《まん》」は、みつるということである。「足《ぞく》」は、たりたということである。疾《と》きことというのである。「功徳《くどく》」と申すのは、名号である。「大宝海《だいほうかい》」は、よろずの善根・功徳がみちきわまっていることを、海にたとえたもうのである。よく信ずる人の心のなかに、この功徳がすみやかに、疾《と》く、みちたりてくることを知らせようとしておられるのである。それゆえに金剛心の人は、自分では知らず、求めもしないのに、功徳の大宝が、その身にみちみちる。それゆえに、「大宝海」とたとえたのである。

「致使凡夫念即生《ちしぼんぶねんそくしょう》」というのは、「致」は、むねとするという意味である。むねとするというのは、これを根本とするという言葉である。いたるという意味である。いたるというのは、真実報土にいたることである。「使」は、せしむという意味である。「凡夫」は、すなわちわれらである。凡夫は「本願力」を信楽することをむねとするべきである、ということである。「念」は、如来のおん誓いをふたごころなく信じることをいうのである。「即」は、すなわちということである。時を経ず、日を隔てず、そくざに正定聚の位に定まることを「即生」というのである。「生」は、うまれるということである。これを「念即生」と申すのである。また、「即」は、つくという意味である。つくというのは、位にかならずのぼるべき身、ということである。世俗のならいにも、国の王の位にのぼることをば、即位という。位というのは、くらいということである。東宮の位にいる人はかならず王の位につくように、正定聚の位につくのは、東宮の位のごときものである。王にのぼることは即位という。これは、すなわち無上大涅槃にいたることを申すのである。信心の人は正定聚にいたって、ついでかならず滅度にいたると、阿弥陀仏は誓いたもうておられる。これを〝致〟とすという。むねとすと申すのは、涅槃の悟りを聞くことをむねとす、ということである。「凡夫」というのは、無明なる煩悩が私たちの身にみちみちていて、欲もおおく、いかり、はらだち、そねみ、ねたみ心などが多く、ひまなくもりあがって、いまわのきわの一念にいたるまで、とどまらず、きえず、たえることがないと、水火二河*のたとえにあらわれている。このようにあさましい私たちが、弥陀の願力の白道を一分二分と少しずつ歩いてゆけば、無礙光仏の光が、おん心に収めとりたもうがゆえに、かならず安楽浄土にいたるのである。そうすれば阿弥陀仏と同じく、あの正覚のはなに化生して、大般涅槃《だいはつ》の悟りを開かしめられる。そのことをわれらのむねとせよ、と仰せられているのである。これを「致使凡夫念即生」というのである。〝二河白道〟のたとえのなかで、一分二分とゆくというのは、一年二年が過ぎゆくことにたとえているのである。諸仏出世の直説、如来成道の素懐も、〝われわれ凡夫は弥陀の本願を念じて、即生することをむねとせよ〟ということである。

◎善導和尚はあるいは『往生礼讃』において、「今信知弥陀本弘誓願、及称名号下《げ》至《し》十《じっ》声一声定得往生《しょういっしょうじょうとくおうじょう》、乃至《ないし》一念《いちねん》無《む》有《う》疑心《ぎしん》」とも、「若《にゃく》七日及一日下至十声乃至一声一念等、必得往生」とも、このようにこそ仰せられている。

「今信《こんしん》知《ち》弥《み》陀《だ》本《ほん》弘《ぐ》誓願《せいがん》、及称名号《ぎゅうしょうみょうごう》」というのは、如来の誓いを信知すると申す意味である。「信」というのは、金剛心である。「知」というのは、知るということである。弥陀の本願は煩悩・悪業の衆生をみちびきたもう、と知るのである。また、「知」というのは、観である。心に浮かべ思うことを観という。心に浮かべ知ることを知というのである。「及称名号」というのは、「及」は、およぶということであり、かねるという意味である。「称」は、み名をとなえることである。また「称」は、はかりという意味である。はかりというのは、ものの程を定めることである。名号を称することが十声であろうと、一声であろうと、聞く人に疑う心が一念もなければ真実報土へ生まれる、と申す意味である。また『阿弥陀経』の、〝七日もしくは一日名号をとなえよ〟ということである。

これは多念の正しさを証《あか》す証文である。私は思うようには申しあらわさなかったが、これによって一念・多念の争いがあるべきではないことを、推し量っていただきたい。浄土真宗のならいでは、念仏往生というのである。一念往生ということも、多念往生ということも、まったくない。これによって知っていただきたい。

◎これらの文章においては、たしかに一念と多念の仲が悪いはずがない。ただ弥陀の誓願をたのみはじめた人は、命を限りあるものとし、往生を期待して念仏せよ、と教えたもうておられるのである。一念にも多念にも、ゆめゆめ偏執してはならぬことである。私は自分の心の底をば、思うように申しあらわさなかったが、以上によってよく心得ていただきたい。

およそ一念にたいする執着がかたい人びとも、多念の思いに固執する人びとも、かならず最期が悪い。いずれもいずれも、弥陀の本願にそむいたゆえであるということを、推し量っていただきたい。それゆえに、かえすがえすも、多念はすなわち一念であり、一念はすなわち多念であるという道理を乱してはならない。

南無阿弥陀仏

建長七年乙卯四月二十三日

愚禿親鸞書　八十三歳これを写す

南無阿弥陀仏

田舎の人びとは文字の意味も知らず、愚痴の浅ましさにもきわまりがない。それゆえに私は容易に心得させようとして、同じことを、とりかえしとりかえし書きつけた。心ある人はおかしく思うであろう。あざけることであろう。しかしながら私は、人のそしりをかえりみず、一筋に、愚かな人びとに、心得やすいようにしようと思って記したのである。

康元二年丁巳二月十七日

愚禿親鸞八十五歳これを書く

唯信鈔文意《ゆいしんしょうもんい》

付　唯信鈔

『唯信鈔文意』は、聖覚法印の『唯信鈔』に引証する経釈の要文をひろって註釈を加え、その意味を明らかにした書。

宗祖は、同門の法友のうち、とりわけ聖覚法印と隆寛律師とを尊敬し、しばしば両師の著作を書写して門徒に与えられた。専修念仏の要義を示して、唯だ信心にきわまることを顕わした『唯信鈔』も、宗祖が門徒に勧められた書の一つであるが、無学な田舎の人々には、なおそれが難解であることをおもんばかり、自ら『唯信鈔文意』を作ってわかりやすく説きあかされたのである。読者の便を考えて両書を収載した。文頭に◎印を付したのが『唯信鈔』本文であり、一字さげに記した方が『唯信鈔文意』である。

『唯信鈔《ゆいしんしょう》』というのは、唯は「ただこのこと一つ」という意味で、二つならぶことをきらう言葉である。また唯は「一人」という意味でもある。信は疑いなき心である。すなわちこれは真実の信心である。虚仮《こけ》を離れている意味である。虚はむなしい、仮はかりであるということである。虚は実でないことを言うのであり、仮は真でないことを言うのである。本願他力を頼んで自力を離れていること、これを唯信と言うのである。鈔は、すぐれたことを抜きだして集める意味の言葉である。それゆえに『唯信鈔』と言うのである。また唯信は、他力の信心のほかのことは習わないということである。これはすなわち、弥陀の本願が、根本の弘大な誓願であるゆえである。

◎生死を離れ仏道を成就しようと思えば、二つの道があるであろう。一つには聖道門、二つには浄土門である。聖道門というのは、この娑婆世界にあって、修行にはげみ功徳を積んで、今の世で悟りを得ようとつとめることである。いわゆる真言を行なう人びとは、この身のままで大いなる悟りの位にのぼろうと思う。法華をつとめる人びとは、今の世で*六根の証を得ようと願うのである。これらの教えの本意には、まことに正しいものがある。しかし末法にいたり、濁世に及びいたった今の世においては、この身のままで悟りを得ることは、億々のうちに一人もありえない。このゆえに今の世において聖道門をつとめる人びとは、即身の悟りにおいては、自分自身が断念してしまっている。ある者ははるか*弥勒菩薩の下生を期待して、五十六億七千万年後の暁の空を待ちのぞみ、ある者は遠く後の世世に現われ出でたもう仏を待って、幾劫年ものあいだ生死流転をかさね、無明の夜の雲にまどうのである。またある者は、わずかに*霊山や*補陀落《ふだらく》の霊地への再生を願い、ある者はふたたび天人や人間に生まれかわるという、わずかな果報を期待している。仏道に縁を結ぶことはまことに尊ぶべきであるが、すみやかに悟りを開くことはもはや不可能である。この人たちが願っているのは、なお*三界のうちの期待であって、輪廻転生の果報でしかない。何故にあれこれと修行を積んだり、智慧をめぐらしたりして、かかるわずかな果報をのぞむのであろう。これはまことに釈尊がおわしました世を遠くへだたり、教理が理解できなくなって、悟ることが少ない世になりはてたゆえであろうか。

　二つに浄土門というのは、今の世において仏道修行を廻向し、次の世に浄土に生まれて、浄土において菩薩の行をはたしとげて仏になろうと願うのである。この門は末法の世に生まれた器にかなっている。まことに巧みな仏法であるとするのである。ただしこの門に入れば、また二つの道筋がわかれている。一つには諸行往生、二つには念仏往生である。

諸行往生というのは、あるいは父母に孝養し、あるいは師や先輩に仕えたてまつり、あるいは*五戒・*八戒をたもち、あるいは布施・*忍辱《にんにく》を行じ、はたまた*三密・*一乗の行をめぐらして浄土に往生しようと願うのである。これらの修行者が往生をとげないことはない。一切の行は、すべて浄土の行であるがゆえである。ただ、これはみずからの行をはげんで往生を願うゆえに、自力の往生と名づけるのである。ゆえに、もし修行をおろそかにすれば往生をとげがたい。これは、かの阿弥陀仏の本願ではない。摂取の光明は、諸行往生の人びとを照らしていない。

二つに念仏往生というのは、阿弥陀仏の名号をとなえて往生を願うことである。これは、かのみ仏の本願にしたがっているがゆえに、正定の業と名づけるのである。念仏往生を願う者は、ひとえに弥陀の願力にひかれるがゆえに、他力の往生と名づける。そもそも名号をとなえることが、何の故にかのみ仏の本願にかなうかといえば、事の起こりは、阿弥陀仏がいまだ仏になりたまわなかった昔に、法蔵と申す名の比丘でおわしました時にある。その時に仏おわしまして、世自在王《せじざいおう》仏と申した。法蔵比丘はすでに菩提心を起こし、清浄なる国土を造って衆生を利益しようと思し召され、世自在王仏のみもとへ参って、次のように申したもうた。

「私はすでに菩提心を起こして、清浄なる仏国を造ろうと思います。願わくば、み仏よ、私のために、ひろく仏国を荘厳するにいたる、無量の妙えなる行をお教えください」

その時に世自在王仏は、二百一十億の諸仏が造りたもうた浄土に住む人間や天人の善し悪しや、国土の完全・不完全について、ことごとく説きあかし、ことごとく眼に映じさせたもうた。

法蔵比丘はその教えを聞き、数多の浄土のさまをみて、悪をのぞいて善を取り、粗雑を捨てて精妙を望まれた。たとえば、三悪道が存在する国土はこれをのぞいて取らず、三悪道なき世界を望んで選びとられた。法蔵比丘の爾余の誓願にかんしても、これになぞらえて会得されたい。比丘はこのようにして、二百一十億の諸仏の浄土の中より、すぐれたことを選びとって極楽世界を建立したもうたのである。たとえば柳の枝に桜の花を咲かせ、二見の浦に清見が関をならべたにひとしい。法蔵比丘は一度の思案によって、かかる選択を為されたのではなく、五劫のあいだ思惟したもうた。比丘はかかる微妙厳浄の国土を設けようと願って、重ねて、国土を造るのは衆生をみちびくためであるとお考えになった。自分が造った国がいかに美妙であろうと、衆生がそこに生まれることがむつかしければ、大悲大願の意図にかなわない。それによって、衆生を極楽に往生させるための特別の原因を定めようとされたのであるが、一切の仏道修行はすべて容易なものではない。父母に孝養する者を迎えようとすれば、不孝の者は生まれることができなくなる。大乗経典を読誦《どくじゅ》する者を迎えようとすれば、文句を知らない者は往生が期待できなくなる。布施・持戒を往生の原因と定めようとすれば、吝嗇《りんしょく》・貪婪《どんらん》な者も破戒の輩《やから》も洩れてしまう。忍辱・精進を往生の業と定めようとすれば、瞋りやすい者や怠惰な輩は捨てられてしまうであろう。爾余の一切の行についても、すべて同じことが言える。

それゆえに法蔵比丘は、一切の善人・悪人の凡夫が等しく浄土に生まれることができ、またもろともに往生を願わしめようがために、ただ阿弥陀の三字の名号をとなえることを、往生極楽の特別の原因にしようと志された。法蔵比丘は五劫のあいだ、深くこのことを思惟し終えられ、まず第十七番目の願として、全宇宙のみ仏たちに、自分の名字をとなえほめられようという願を起こしたもうたのである。この願の意味は、深く心得なければならない。法蔵比丘は名号でもって、あまねく衆生をみちびこうと思し召されたたゆえに、み仏たちに自分の名号をほめられようと誓いたもうたのである。そうでなければ、み仏のおん心が、名誉のごときを願われるはずがない。諸仏にほめられることに、何の必要があろう。

後善導*法照禅師の『五会法事讃』に、

如来尊号甚分明《にょらいそんごうじんふんみょう》、十方世界普流行《じっぽうせかいふるぎょう》、但有称名皆得往《たんうしょうみょうかいとくおう》、観音勢至自来迎《かんのんせいしじらいごう》

とあるのは、この意味であろう。

「如来尊号甚分明《にょらいそんごうじんふんみょう》」、この意味は、如来と申すのは無礙光如来である。尊号と申すのは南無阿弥陀仏である。尊は、とうとくすぐれているということである。号は仏になりたもうて後のみ名を申す。名は、いまだ仏になりたまわないときのみ名を申すのである。この如来の尊号は、言うべからざる、説くべからざる、思議すべからざるものにおわしまして、一切衆生をして、無上大般涅槃にいたらしめたもう大慈大悲の誓いのみ名である。この仏のみ名は、よろずの如来の名号にすぐれたもうものである。これはすなわち、誓願であるがゆえである。甚分明というのは、甚ははなはだということであり、すぐれているという意味である。分はわかつということであり、よろずの衆生をそれぞれにわかつ意味である。明はあきらかであるということであり、全宇宙に住むすべての衆生を、ことごとくたすけみちびきたもうことが「明らかに分かちすぐれたもう」ということである。

「十方世界普流行《じっぽうせかいふるぎょう》」というのは、普は、あまねくひろく涯《はて》がないということである。流行は、全宇宙のすべての世界にあまねくひろまって、すすめ行ぜしめたもうという

ことである。それゆえに大乗と小乗の聖人も、善人・悪人の凡夫も、みなともに自力の智慧をもってしては大涅槃にいたることがないとすれば、無礙光仏のおんかたちは智慧の光でおわしますゆえに、このみ仏の智願海にすすめ入れたもうのである。無礙光仏は、一切諸仏の智慧を集めたもうたおんかたちである。光明は智慧であると知るべきである。

「但《たん》有《う》称名《しょうみょう》皆《かい》得《とく》往《おう》」というのは、但有はひとえにみ名をとなえる人のみ、みな往生するとのたもうておられるのである。しかるがゆえに、称名皆得往と言うのである。

「観音《かんのん》勢至《せいし》自来迎《じらいごう》」というのは、南無阿弥陀仏は智慧の名号であるゆえに、この不可思議光仏のみ名を信じ、受容し、心に思って念仏すれば、観音・勢至の二菩薩はかならず、影がかたちに添うように、離れたまわぬのである。この無礙光仏は観音と出現し、勢至と示現したもう。ある『*経』では観音を宝応声《ほうおうしょう》菩薩と名づけて、日天子《にってんし》と示している。これは人間の無明の黒闇をよく払われるからである。勢至を宝吉祥《ほうきつしょう》菩薩と名づけて、月天子《がってんし》とあらわしている。これは、生死の長夜を照らして、智慧を開かしめようとしておられるのである。

　自来迎というのは、自はみずからということである。弥陀の無数の化仏も、無数の観世音・大勢至の化仏も、無量無数の聖聚も、みずからつねに時をきらわず、所をへだてず、真実信心を得た人に添いたもうて護りたもうゆえに、みずからと言うのである。また自は、おのずからということである。おのずからというのは、自然ということである。自然というのは、しからしむ（そのようにあらしめる）ということである。しからしむというのは、行者がはじめてとやかくはからうことなく、過去・現在・未来の一切の罪を転じるということである。転じるというのは、善と変え為すことを言うのである。求めもしないのに一切の功徳・善根を、み仏の誓いを信じる人に得させてくだされるがゆえに、しからしむと言うのである。念仏行者がはじめてはからうことではないゆえに、自然と言うのである。弥陀の誓願にある真実の信心を得た人は、摂取不捨のおん誓いに収めとっていただき、護らせたもうことによって、行じる人のはからいではない。金剛の信心を得るゆえに、心に思って念仏する行為が自然である。この信心が起こることも、慈父なる釈迦、慈母なる弥陀お二方の方便によって起こるのである。これは自然の利益であると知るべきである、ということである。

来迎というのは、来は浄土へ来たらしめるということである。これはすなわち、*若《にゃく》不生者《ふしょうしゃ》の誓いをあらわすご教勅である。穢土を捨てて、真実の浄土へ来たらしめるということである。すなわち、他力をあらわすみ言葉である。来はまた、かえるという意味でもある。かえるというのは、弥陀の本願の海に入ったことによって、かならず大涅槃にいたるのを、法性のみやこへかえると申すのである。法性のみやこというのは、法身という如来の悟りを自然に開くときを、みやこへかえると言うのである。これを真如《しんにょ》実相を証すとも申す。無為法身とも言うのである。滅度にいたるとも言うのである。法性の常楽を証すとも申すのである。この悟りを得れば、すなわち大慈大悲がきわまって、ふたたび生死の海へかえり入って、普賢菩薩と同様の徳を行なうと言われている。この利益におもむくことを来《らい》と言う。これを法性のみやこへかえると申すのである。迎というのは、むかえたもうということである。まつ、という意味である。弥陀が選択したもうた不思議の本願の、無上の智慧にみちる尊号を聞いて、一度たりとも疑う心がないのを、真実信心と言うのである。金剛心とも名づけられる。私たちがこの信楽を得るときに、阿弥陀仏はかならず収めとって捨てたまわないので、そくざに正定聚の位に定まるのである。それゆえに、信心が破れず、傾かず、乱れないことが金剛のようであるがゆえに、金剛の信心と申すのである。これを迎と言うのである。

『大経』には、「願生彼国即得往生住不退転《がんしょうひこくそくとくおうじょうじゅうふたいてん》」とのたまわれている。願生彼国は、かの国に生まれようと願え、ということである。即得往生は、信心を得ればすなわち往生するという意味である。「すなわち往生する」というのは、不退転に住することを言うのである。不退転に住するというのは、すなわち正定聚の位に定まるとのたまうご教勅である。これを即得往生と申すのである。即は、すなわちという意味である。すなわちというのは、時を経ず、日をへだてないことを言うのである。およそ全宇宙の世界にあまねくひろまることは、法蔵菩薩の四十八の大いなる願の中の第十七の願において、全宇宙の無数の諸仏に私の名をほめられよう、となえられようと誓いたもうて、この*一乗大智海の誓願が成就したもうたことによっている。これは『阿弥陀経』の証誠《しょうじょう》護念《ごねん》（弥陀の誓願の正しさを誠意をもって証明し、念仏者を護りたもう）のありさまによって明らかである。諸仏の証誠護念のおん心は『大経』にもあらわれている。また、第十八の称名の本願が、弥陀が選択したもうた往生浄土の正しい原因であることは、この第十七の悲願にあらわれているのである。

　この文の意味については、私は思っているほどのことは申さない。以上によって推し量っていただきたい。この文は、後善導法照禅師と申す聖人のご解釈である。慈覚《じかく》大師はこの和尚をば、法道《ほうどう》和尚とのたもうておられる。また『高僧伝』によれば、蘆《ろ》山《ざん》の弥陀和尚とも申す。浄業《じょうごう》和尚とも申す。唐朝の光明寺の善導和尚の化身である。それゆえに後善導と申すのである。

◎さて次に、法蔵比丘は第十八番目に念仏往生の願を起こして、十度念仏となえる者をも、みな浄土へみちびこうとのたもうておられる。つらつら思えば、まことにこの願の意味は、はなはだ弘く深い。名号はわずかに三字である。それゆえに*周利盤特《しゅりはんどく》のように愚かな人びとであろうとも、たやすくこれをとなえることができる。何をしていようとも何時どこにいてもとなえられて、在家も出家も、男も女も、老いも若きも、善人も悪人も区別することがない。だれが往生から洩れることがあろう。

おなじく『五会法事讃』にある*慈愍《じみん》三蔵の偈に、

彼仏因中立弘誓《ひぶついんちゅうりゅうぐぜい》　聞名念我総迎来《もんみょうねんがそうこうらい》　不簡貧窮将富貴《ふけんびんぐしょうふき》　不簡下智与高才《ふけんげちよこうさい》
不簡多聞持浄戒《ふけんたもんじじょうかい》　不簡破戒罪根深《ふけんはかいざいこんじん》　但使廻心多念仏《たんしえしんたねんぶつ》　能令瓦礫変成金《のうりょうがりゃくへんじょうこん》

とあるのは、この意味であろう。これを念仏往生とするのである。

「彼仏因中立弘誓《ひぶついんちゅうりゅうぐぜい》」、この意味は、彼は、かのということである。仏は、阿弥陀仏である。因中は、阿弥陀仏が法蔵菩薩と申しておられたときである。立弘誓は、立は、たつという、なるという意味である。弘は、ひろしという、ひろまるという意味である。誓は、ちかいということである。法蔵比丘が超世無上の誓いを起こして、ひろくひろめたもうと申すのである。超世は、他の仏のおん誓いよりすぐれたもうということである。超は、こえたりということであり、うえがないと申すのである。如来が弘誓を起こしたもうたさまは、この『唯信鈔』にくわしくあらわれている。

「聞名念我《もんみょうねんが》」というのは、聞は、きくということであり、信心をあらわすご教勅である。名は、み名ということで、如来の誓いの名号である。念我というのは、誓いのみ名を憶念せよということである。第十七の諸仏称名の悲願にあらわれている。憶念は、信心を得た人は疑いがないゆえに、本願をつねに思い出す心がたえないことを言うのである。

「総迎来」というのは、総は、ふさねてということで、すべてみなという意味である。迎は、むかえるという、まつということで、他力をあらわす意味である。来は、かえるという、きたらしむということである。法性のみやこへむかえ、率いて、きたらしめ、かえらしむということである。法性のみやこより衆生利益のために、この娑婆世界にきたるゆえに、来をきたると言うのである。法性の悟りをひらくゆえに、来をかえると言うのである。

「不簡貧窮将富貴《ふけんびんぐしょうふき》」というのは、不簡は、えらばず、きらわずということである。貧窮は、まずしく困っている者である。将は、まさにという、もってという、率いてゆくという意味である。富貴は、とめる人、よき人ということである。これら貧窮も富貴も、まさにもって、えらばず、きらわず浄土へ率いてゆくということである。

「不簡下智与高才《ふけんげちよこうさい》」というのは、下智は、智慧あさく、せまく、すくなき者ということである。高才は、才学ひろき者である。これらをえらばず、きらわずということである。

「不《ふ》簡《けん》多《た》聞《もん》持《じ》浄《じょう》戒《かい》」というのは、多聞は、聖教をひろく多く聞き信じることである。持は、たもつということである。たもつというのは、習い学ぶことを、失わず散らさぬことを言うのである。浄戒は、大乗・小乗のもろもろの戒行を言い、五戒、八戒、*十善戒、*小乗の具足衆戒、*三千の威儀、*六万の斎行《さいぎょう》、*梵網《ぼんもう》の五十八戒、*大乗一心金剛法戒、*三聚浄戒《さんじゅじょうかい》、*大乗の具足戒など、すべて僧侶や俗人の*戒品《かいほん》をたもつことを持と言うのである。このようにさまざまな戒品をたもつすぐれた人びとも、他力の真実の信心を得たあとでこそ、真実報土への往生をとげるのである。みずからのおのおのの戒善や、おのおのの自力の信や、自力の善によっては真実報土には生まれないということである。

「不《ふ》簡《けん》破《は》戒《かい》罪《ざい》根《こん》深《じん》」というのは、破戒は、右に示したよろずの僧侶や俗人の戒品を受けて破り捨てたものであり、如来はこれらの者をきらわれないということである。罪根深というのは、*十悪・五逆の悪人や謗法《ほうぼう》・闡提《せんだい》の罪人であって、およそ善根の少ない者、悪行の多い者、善心のあさい者、悪心の深い者、このようなあさましいさまざまな罪の深い人を、深と言うのである。ふかし、という言葉である。すべて善き人も悪しき人も、尊い人、いやしい人も、無礙光仏のおん誓いにあっては、きらわず、えらばれず、みちびきたもうことを先とし、主眼としておられるのである。真実信心を得れば、真実報土に生まれると教えたもうことを、浄土真宗の正意とすると知るべきである、ということである。総迎来は、すべてみな浄土へ迎えかえらしむという意味である。

「但使廻心多念仏《たんしえしんたねんぶつ》」というのは、但使廻心は、ひとえに廻心せしめよという言葉である。廻心というのは、自力の心をひるがえし捨てることを言うのである。真実報土に生まれる人は、かならず金剛の信心が起ることを、多念仏と申すのである。多は大の意味である。勝の意味である。増上の意味である。大は、おおきいことである。勝は、すぐれている、よろずの善にまさっているということである。増上は、よろずのことにすぐれていることである。これはすなわち、他力の本願が無上であるゆえである。自力の心を捨てるというのは、千差万別の大乗と小乗の聖人や善人悪人の凡夫が、みずから自分が善いと思う心を捨てて、自分を頼まず、悪い心をかえりみず、具縛の凡愚の者も、屠沽《とこ》の下類も、ひとすじに無礙光仏の不可思議の本願、智慧広大なる名号を信楽すれば、煩悩をそなえたままで無上大涅槃にいたるのである。具縛は、よろずの煩悩にしばられたわれらのことである。煩は身をわずらわし、悩は心をなやます意味である。屠は、よろずの生きているものを殺しほうむる者である。これは、漁師・猟師というものである。沽は、よろずのものを売り買う者である。これは商人である。これらを下類と言うのである。

「能令瓦礫変成金《のうりょうがりゃくへんじょうこん》」というのは、能はよくという、令はせしむという意味である。瓦はかわらという、礫はつぶてということである。変成金は、変成はかえなすということである。金は、こがねということである。瓦《かわら》・礫《つぶて》を黄金に変え成さしめるがようである、とたとえたもうておられるのである。漁師・猟師・商人、さまざまな者は、みな、石・瓦・礫のごときわれらである。そのわれらが如来のおん誓いをふたごころなく信楽すれば、摂取の光のなかに収めとられまいらせて、かならず大涅槃の悟りを開かしめたもうのである。これはすなわち、漁師・猟師・商人などは、石・瓦・礫のごときものであるのを、よく黄金となさしめられるがようである、とたとえたもうたのである。摂取の光と申すのは、阿弥陀仏のおん心に収めとりたもうゆえである。

　私は文の意味を、思うほどには申しあらわさなかったが、おおよそは申しあげた。深い意味は以上によって推し量っていただきたい。この文は慈愍三蔵と申す聖人のご解釈である。印度においては恵日《えにち》三蔵と申したお方である。

◎龍樹菩薩の『十住毘婆沙論《じゅうじゅうびばしゃろん》』の中に、仏道を行じるのに難行道と易行道の別があると説かれている。難行道というのは、陸路を歩いてゆくようなものである。易行道というのは、海路に順風をえたようなものである。難行道というのは、五濁の世にあって不退の位にふさわしくあろうと思うことである。易行道というのは、ただみ仏を信じる因縁のゆえに、浄土に往生するのであると言われている。難行道というのは聖道門である。易行道というのは浄土門である。私の見解を述べれば、浄土門に入って諸行往生をつとめる人は、海路に船に乗りながら順風をえず、櫓を押し、力を入れて潮路をさかのぼり、波間をわけるのにたとえるべきであろう。

次に、この念仏往生の門について、専修・雑修の二つの修行の区別がある。専修というのは、極楽を願う心を起こし、本願を頼む信を起こすことによって、ただ念仏の一行だけをつとめて、まったく他の行をまじえないことである。他の経典も呪文も保持せず、他の仏・菩薩をも念じず、ただ弥陀の名号をとなえ、ひとえに弥陀一仏を念じる、これを専修と名づけるのである。雑修というのは、念仏を旨とするとはいえ、また他の行をもあわせ、他の善をもかねて行なうのである。この二つの中にあっては、専修をすぐれているとする。その理由は、すでにひとえに極楽を願い、かの浄土におわします教主を念じた以上、ほかに何の修行もまじえる必要がないからである。私たちの命は雷光や朝露のようにはかなく、揺れる芭蕉の葉にすがる泡沫のように滅びやすい。そのわずかな一代の仏道修行でもって、たちまちに迷妄の古郷《こきょう》を離脱しようとするのである。どうして、のんびりと諸修行を兼ねて行なうことができよう。諸仏菩薩の縁を結ぶのは、浄土におもむいて*随身供物する日を待つべきである。大乗・小乗の経典の教えを理解するのも、浄土で*百法明門《びゃくぼうみょうもん》の夕べを待つべきである。

一仏国土を願い、弥陀の一仏を念ずるほかは、何の必要もあるはずがないと言うのである。念仏の門に入りながら、なお他の修行を兼ねて行なう人は、その心を探れば、おのおのが以前に行なっていた修行に執着して捨てがたく思っているのである。あるいは天台一乗の教えをたもち、真言三密を行じる人は、おのおのそれらの行を廻向して浄土を願おうと思う心をあらためていない。念仏とあわせてこれらを勤めるのに、何の咎があろうと思っているのである。ただちに本願にしたがう易行の念仏をつとめないで、なお本願が捨てておられる諸修行をあわせ行なうことは、道理にはずれている。

それによって善導和尚はのたもうて、「専を捨てて雑におもむく者は千人のうち一人も浄土に生まれない。専修念仏する者は百人が百人とも、千人が千人とも生まれる」と仰せられたのである。

善導和尚の『法事讃』には、

極楽《ごくらく》無為《むい》涅槃界《ねはんがい》　随縁《ずいえん》雑善《ぞうぜん》恐難生《くなんしょう》　故使《こし》如来《にょらい》選要法《せんようほう》　教念《きょうねん》弥陀《みだ》専復専《せんぶせん》

と仰せられている。

「極楽無為涅槃界《ごくらくむいねはんがい》」というのは、極楽と申すのはかの安楽浄土である。よろずの楽しみがつねにあって、苦しみがまじわらないのである。かの国を安養と言う。曇鸞和尚は浄土をほめたてまつって、安養と申すとこそのたもうておられる。また世親菩薩の『浄土論』には、「蓮華蔵《れんげぞう》世界」とも仰せられている。「無為」とも仰せられている。涅槃界というのは、無明のまどいをひるがえして、無上涅槃の悟りを開くことである。界は、さかいということである。悟りを開くさかいである。大涅槃と申す言葉については、その名は数えきれない。くわしく申すことはできない。大略、その名をあらわすことができるばかりである。涅槃を滅度という、無為という、安楽という、常楽という、実相という、法身という、法性という、真如という、一如という、仏性という。仏性すなわち如来である。この如来は、あらゆる世界に満ちみちたもうのである。すなわち、もろもろの生きとし生けるものの持っている心《しん》である。この心において誓願を信楽するがゆえに、この信心はすなわち仏性である。仏性すなわち法性である。法性すなわち法身である。法身は色もなければかたちもおわしまさぬ。それゆえに、人の心の及ぶところではなく、言葉では言い表わせない。この一如よりかたちをあらわして、方便法身と申すおん姿を示し、法蔵比丘と名のりたもうて不可思議の大誓願を起こし、阿弥陀仏としてあらわれたもうたのである。そのおんかたちをば、世親菩薩は尽十方無礙光如来と名づけたてまつりたもうたのである。この如来を報身と申す。誓願を業因として、報われて阿弥陀仏となりたもうたゆえに、報身如来と申すのである。報と申すのは、種子《たね》に報いたことである。この報身より、応身や化身などの数えきれないさまざまの変化をあらわして、全世界に、何ものもさえぎることがない智慧の光を放ちたもうゆえに、尽十方無礙光仏と申す。光であってかたちもおわしまさず、色もおわしまさず、無明の闇をはらって悪業にさえぎられることもない。それゆえに無礙光と申すのである。無礙は、さわりがないということである。それゆえに阿弥陀仏は光明である。光明は智慧のかたちであると知るべきである。

「随縁雑善恐難生《ずいえんぞうぜんくなんしょう》」というのは、随縁は、衆生がおのおのの縁にしたがって、おのおのの心のままに、もろもろの善を修し、それを極楽に廻向することである。すなわち八万四千の法門である。これらはすべて自力の善の根であるがゆえに、阿弥陀仏は真実報土に生まれないとおきらいになっておられる。それゆえに恐難生と言うのである。恐は、おそるということである。真実の報土には雑善自力の善によっては生まれることができないのではないかと恐れることである。難生は、生まれがたいということである。

「故使如来選要法《こしにょらいせんようほう》」というのは、釈迦如来があらゆる善の中から名号を選びとって、五濁・悪時・悪世界・悪衆生・邪見・無信の者に与えたもうたと知るべきである、ということである。これを選と言うのである。ひろく選ぶということである。要は、もっぱらという、もとむという、ちぎるという、ことである。法は、名号である。「教念弥陀専復専《きょうねんみだせんぶせん》」というのは、教はおしえるという、のりということである。釈尊の教勅である。念は心に思い定めて、とやかくはたらかないという意味である。すなわち選択本願の名号を、一筋にもっぱら修せよと教えたもうみことのりである。専復専というのは、はじめの専は、一つの行を修せよということである。復は、またという、かさねるということである。それゆえに〝また専〟というのは、一心であれということである。もっぱら一行・一心になれということである。専は、一という言葉である。もっぱらというのは、二心があってはならぬということである。とやかく移る心がないことを専と言うのである。この一行・一心である人を、摂取して捨てたまわぬゆえに阿弥陀と名づけたてまつる、と光明寺の善導和尚はのたもうておられる。この一心は横超《おうちょう》の信心である。横はよこさまということであり、超はこえてということである。よろずの法にすぐれて、すみやかに疾《と》く生死海をこえて仏果にいたるがゆえに超と申すのである。これはすなわち、如来大悲の誓願力であるがゆえである。この信心は、弥陀が摂取してくだされるゆえに金剛心となるのである。これは、『大無量寿経』の本願に説かれている三つの信心である。この真実信心を世親菩薩は「願作仏《がんさぶつ》心《しん》」とのたもうておられる。

この本願に説かれている信楽は、仏になろうと願うと申す意味である。この願作仏心はすなわち度衆生心《としゅじょうしん》である。この度衆生心と申すのは、衆生をして生死の大海をわたす心である。この信楽は、衆生をして無上涅槃にいたらしめる心である。この心はすなわち大菩提心である。大慈大悲心である。この信心がすなわち仏性である。すなわち如来である。この信心を得ることを慶喜《きょうき》と言うのである。慶喜する人は諸仏と等しい人と名づける。慶は、よろこぶという意味である。信心を得てのちによろこぶことである。喜は、さまざまな心のなかで、よろこぶ心が絶えないでつねにありつづけることを言うのである。得るべきことを得たあとで、身にも心にもよろこぶという意味である。信心を得た人は分陀利華《ふんだりけ》であるとのたまわれている。この信心が得がたいことを『称讃浄土教』に、「極難信法《ごくなんしんほう》」とのたまわれている。それゆえに『大無量寿経』においては、「若聞斯経《にゃくもんしきょう》、信楽受持《しんぎょうじゅじ》、難中之難《なんちゅうしなん》、無過此難《むかしなん》」と教えたもうておられるのである。この文の意味は、「もしこの『経』を聞いて信じることは難事のなかの難事であり、これ以上にむつかしいことはない」とのたもうておられるご教勅である。釈迦牟尼如来は、五濁の悪世に生まれた者はこの難信の法を行じて無上涅槃にいたると説きたもう。そのために阿弥陀仏が、この智慧の名号を濁悪の衆生に与えたもうとのたもうのである。全宇宙の諸仏が弥陀の本願の真実を誠意をもって証明し、無数の如来が念仏者を護りたもうというのも、ひとえに真実信心の人のためである。釈迦は慈父、弥陀は悲母である。私たちの父母が手段をつくして、無上の信心を開き起こしたもうのであると知るべきである、ということである。

およそ久遠の昔より、恒河の砂数の三倍ほどもの諸仏が世に出でたもうた。私たちは無限の生死をくりかえしてきたあいだに、その仏たちのもとで自力の大菩提心を起こしたことである。恒河の砂数ほどもの善の根を積んだことにより、私たちはいま弥陀の願力にあうことを得たのである。それゆえに他力の三信心を得た人は、ゆめゆめ他の善行を非難したり、他の仏性をいやしめてはならないということである。

◎この『法事讃』の、随縁の雑善をきらうという言葉は、本来の業に執着しているからである。たとえば、宮仕えをする場合には、主君に近づいて、これを頼んで一筋に忠節をつくすべきである。にもかかわらず、まことの主君に親しみながら、かねてまた疎遠な人にも志をつくして、その人が主君に会って自分のことをよく言ってくれることを求めるようなものである。直接に仕えるのとどちらが勝れているかは、明らかに知られるであろう。二心あるのと一心であるのとは、天地のはるかな差があろう。この意見には、疑いをいだく人があるかもしれない。たとえば、ある人が念仏の行を志して、毎日一万遍となえ、そのほかはひねもす遊びくらし、夜は寝ているのと、同じく一万遍をとなえて、そのあとで経を読んだり他のみ仏たちをも念じるのと、どちらが勝れているのであろうか。

『法華経』に「即往安楽《そくおうあんらく》」の文がある。これを読むのは、遊びたわぶれに等しいことであろうか。*『薬師本願経』には、八菩薩の引導がある。これを念じるのは、虚しく眠ってしまうのと同じであるはずはない。前者を専修とほめ、後者を雑修ときらうのは、まだその意味がわからないという疑いである。いまふたたびこの問題について考えれば、私はやはり専修がすぐれているとする。その理由は、私たちがもともと濁世の凡夫であるゆえである。何をするにつけても、さしさわりが多い。阿弥陀仏はそのことを考えて、易行の道を教えたもうたのである。一日中、遊びたわむれるのは*散乱増《さんらんぞう》の者である。よもすがら眠るのは*睡眠増の者である。これはすべて煩悩のせいである。断つことも押さえることもむつかしい。それゆえに遊びをやめては念仏をとなえ、眠りがさめては本願を思い出せばよいのである。専修の行にそむいたことではない。一万遍をとなえて、そののちに他経や他仏を読んだりとなえたりするのは、耳に聞こえはよいが、だれが念仏を一万遍にかぎれと定めたのであろう。精進の人であれば一日中となえればよい。専修の者は、念珠を手にしたときに弥陀の名号をとなえるべきである。本尊にむかおうと思えば、弥陀の形像に向うべきである。ただちに弥陀の来迎を待つべきである。何故に八菩薩のみちびきを頼まなければならないのであろう。もっぱら本願のみちびきを頼むべきである。わずらわしく天台一乗のお力を借りるべきではない。念仏行者の根性（素質）には上中下がある。上根の者は、夜も昼も念仏を申されればよい。何のひまに他のみ仏たちを念じなければならないのであろう。このことを深くおもんみるべきである。みだりがましく疑ってはならない。

次に、念仏を申す場合には三心をそなえなければならない。たんに名号をとなえるだけでも、一度や十度で功徳を得ない人はいない。とはいえ、往生する者はきわめてまれである。これはすなわち三心をそなえないことによっている。『観無量寿経』には、「具《ぐ》三心《さんじん》者《しゃ》必生《ひっしょう》彼国《ひこく》」と仰せられている。善導の解釈には、「具《ぐ》此《し》三心《さんじん》必得《ひっとく》往生《おうじょう》也《や》若《にゃく》少《しょう》一心《いっしん》即《そく》不得生《ふとくしょう》」と言われている。三心のなかの一心が欠けても生まれることはできないという意味である。

「具《ぐ》三心《さんじん》者《しゃ》必生《ひっしょう》彼国《ひこく》」というのは、三心をそなえればかならずかの国に生まれるということである。それゆえに善導は、「具《ぐ》此《し》三心《さんじん》必得《ひっとく》往生《おうじょう》也《や》若《にゃく》少《しょう》一心《いっしん》即《そく》不得生《ふとくしょう》」とのたまわれたのである。具此三心というのは、三つの心を具えるべしということである。必得往生というのは、必はかならずということであり、得はうるということである。うるというのは、往生をうるということである。若少一心というのは、若はもしという、ごとしということである。少はかけるという、すくないということである。一心がかければ生まれないということである。一心がかけるというのは、信心がかけるということである。信心がかけるというのは、本願に説かれている真実の三つの信心がかけることである。『観経』の三心を得たあとで『大経』の三信心を得ることを一心を得ると申すのである。それゆえに『大経』の三信心を得ないことを、一心がかけると申すのである。この一心がかければ真実の報土に生まれないと言われるのである。『観経』に説かれている三心は、定善・散善二つの行を行なう人びとの心である。この心は、定・散の二善をひるがえして『大経』の三信心を得ようと願うにいたるための、方便の深心と至誠心《しじょうしん》であると知るべきである。真実の三信心を得なければ、即不得生と言うのである。即は、すなわちということである。不得生というのは、生まれることができないということである。三信心がかけているゆえに、すなわち報土に生まれないということである。雑行・雑修にはげむ定善・散善を行なう人びとは、他力の信心がかけているゆえに、無数の劫のあいだに生死をくりかえし、他力の一心を得たあとで生まれることができるゆえに「すなわち生まれない」と言うのである。この人びとはたとえ胎生・辺地の浄土に生まれたところで、そこで五百年を経なければならず、あるいは億千万のうちに、ときにまれに一人だけ真実の報土にすすむと説かれている。三信心を得ることをよくよく心得、願うべきである。

◎世の中に弥陀の名号をとなえる人は多いが、往生する人が少ないのは、この三心をそなえていないゆえであると心得るべきである。

その三心というのは、一つには至誠心であって、これはすなわち真実の心である。およそ仏道に入るには、まずまことの心を起こさなければならない。その心がまことでなければ、その道はすすみがたい。阿弥陀仏が昔、菩薩の行を起こして浄土を造りたもうたのも、ひとえにまことの心を起こしたもうたゆえである。これによってわかるように、かの国に生まれようと思う者も、また、まことの心を起こすべきである。その真実心というのは、不真実の心を捨てて真実の心をあらわすべきであるということである。まことに深く浄土を願う心がないのに、人に会えば深く願っているように言う。内心には深くこの世の名声や利益に執着しながら、外面には世をいとうような態度を示す。外には善心があったり、尊いふりを示して、内には不善の心もあれば、放逸の心もあったりする。このようなさまを虚仮《こけ》の心と名づけて、真実心に違《たが》う相《そう》とするのである。これをひるがえして、真実心をば心得なければならない。この心を間違って心得た人は、何ごとでもありのままでなければ虚仮になってしまうであろうと思って、自分にとってはばかるべき、恥じがましいことをも、人にあらわし知らせて、かえって放逸無慚のとがめをまねこうとしてしまう。ここで真実心というのは、浄土をもとめ、穢土をいとい、阿弥陀仏の願を信じることが真実の心であるべきである、ということである。かならずしも恥をあらわにし、自分のとがを人に示せということではない。事により、折にしたがって深く斟酌するべきである。

善導の解釈（「散善義」）には、「不《ふ》得《とく》外《げ》現《げん》賢《けん》善《ぜん》精《しょう》進《じん》之《し》相《そう》内《ない》懐《え》虚《こ》仮《け》」と言われている。「不《ふ》得《とく》外《げ》現《げん》賢《けん》善《ぜん》精《しょう》進《じん》之《し》相《そう》」というのは、あからさまに賢い姿や善人のかたちをあらわしてはならぬ、精進している姿を示してはならぬということである。その理由は「内《ない》懐《え》虚《こ》仮《け》」であるゆえである。内は、うちということである。心のうちに煩悩をそなえているゆえに、虚であり仮であるのである。虚は、空しくして実でないことである。仮は、かりであって真でないことである。この意味はすでに説明した。いっぽうこの信心は、まことの往生浄土の種子となり、かならず実を結ぶものである。この信心は、いつわることもなく、へつらうこともなく、真実報土への種子となる信心である。ところが私たちは、そのような信心をもともとそなえた善人でなければ、賢人でもない。賢人というのは、かしこくよき人である。私たちは精進する心もない。怠惰な心のみであって、内は虚しく、いつわり、かざりたて、へつらう心だけが常であって、まことの心がない身であると知るべきである、ということである。「斟酌すべし」というのは、このありさまにしたがって、はからうべきであるという言葉である。
◎二つに深心というのは、信心である。まず信心の相を知るべきである。信心というのは、深く人の言葉に頼って疑わないことである。たとえば、私のために決して腹黒いことをせず、深く頼っている人が、自分の目でよくよく見たことを教えて、そこのところには山があり、あちらには川があると言ったとしよう。その言葉を深く頼って、信じたあとで、別の人が、それは間違っている、山はない、川はないと言ったとしても、先の教えは決して嘘を言わぬ人の言ったことであれば、のちに百千人が言うことを用いず、最初に聞いたことに深く頼る。これを信心と言うのである。いま釈迦の所説を信じ、弥陀の誓願を信じて二心ないことも、このようでなければならない。
ところで、この信心には二つある。一つには、「私は罪悪の生死を流転する凡夫であり、はるかな昔よりつねに生死の海に沈み、つねに流転して出離の縁があることがない」と信じることである。二つには、決定して、「深く阿弥陀仏の四十八願が衆生を摂取したもうことを疑わなければ、かの願力に乗って、間違いなく往生できる」と信じることである。世の人びとはつねに、「私は仏の願を信じないのではないが、わが身を思えば、積もっている罪障は多く、善心が起こることは少ない。心はつねに散乱していて、一心を得ることはむつかしい。身はつねにつねに怠惰であって、精進することがない。阿弥陀仏の願は深いといっても、どうしてこの身を迎えたもうであろう」と言うのである。この思いは、まことにかしこいようである。憍慢を起こしていなければ高貴ぶる心もない。ここにはしかし、み仏の不思議の力を疑うという咎がある。仏にどれだけの力がおわしますと知って、自分は罪悪の身であるゆえに救われがたいと思うのであろう。五逆を犯した大罪人すら、なお十度の念仏をとなえることにより、深く刹那のあいだに往生をとげるのである。いわんや、たいていの者の罪は五逆にまではいたらず、念仏の功徳も十度ていどではあるまい。罪が深ければ、いよいよ極楽を願うべきである。「不簡破戒罪根深《ふけんはかいざいこんじん》」と言われている。善が少なければ、ますます弥陀を念じるべきである。「三念五念仏来迎《ぶつらいこう》（三度の念仏でも五度の念仏でも阿弥陀仏は迎えにきてくださる）」とのたまわれている。

「不簡破戒罪根深《ふけんはかいざいこんじん》」というのは、もろもろの戒を破る人も、罪深い人もきらわないということである。この意味は最初に書きあらわした。よくよく見ていただきたい。

◎むなしくわが身を卑下し、心がくじけて仏智の不思議を疑うようなことがあってはならない。たとえば人がいて、高い岸の下にあって登ることができないとしよう。力の強い人が岸の上にいて、綱をおろし、その綱にとりつかせて、「私が岸の上に引きのぼらせてやろう」と言うのに、引く人の力を疑い、綱が弱いかもしれないと危ぶんで、手をおさめてこれを取らなければ、いっこうに岸の上に登ることができない。ひとえにその言葉にしたがって、掌《たなごころ》をのばしてこれを取れば、すなわち登ることができよう。仏力を疑い、願力を頼まない人は、菩提の岸に登ることはむつかしい。ただ信心の手をのばして、誓願の綱を取ればよいのである。仏力は無窮である。罪障が深く重い身をも重いとはされない。仏智は無辺である。散乱放逸の者もお捨てになることがない。信心を肝要とするのである。そのほかは、かえりみないのである。信心を決定しおえれば、三心はおのずからそなわる。本願を信じることがまことであれば、虚仮の心はない。浄土を期待することに疑いがなければ、廻向の思いがあるものである。それゆえに、三心は異なっているようであるが、すべて信心にそなわっているのである。

三つに廻向発願心というのは、名のなかにその意味があらわれている。くわしく説明する必要はない。過去・現在・未来の三つの仏道修行の善根をめぐらして、極楽に生まれようと願うのである。

次に、本願の文には、「乃至《ないし》十念《じゅうねん》若《にゃく》不《ふ》生《しょう》者《じゃ》不《ふ》取《しゅ》正覚《しょうがく》」と言われている。

「乃至十念若不生者不取正覚《ないしじゅうねんにゃくふしょうじゃふしゅしょうがく》」というのは、如来が選択したもう本願の文である。この文の意味は、乃至十念のみ名をとなえる者が、もし私が造った国に生まれなければ、私は仏にならない、と誓いたもうた本願である。乃至は上、下と、多い、少ない、近い、遠い、久しいことをもすべておさめる言葉である。多念に執着する心をやめ、同時に、一念に執着する心をもとどめようがために法蔵菩薩が願じられたおん誓いである。

◎さて、この十念ということについて、疑惑をいだいて、「『法華経』の一念随喜というのは、深く＊非権非実《ひごんひじつ》の理に達する。ここで十念と言われているが、十遍の名号をどう心得ればよいであろう」と言う人びとがいる。

「非権非実《ひごんひじつ》」というのは、法華宗の教えである。浄土真宗の心ではない。聖道家の心である。かの宗の人に訊ねていただきたい。

◎この疑いを解釈すれば、『観無量寿経』に下品下生《げほんげしょう》の人の相が説いてある。五逆・十悪をつくり、もろもろの不善をそなえた者が、臨終の時にいたって、はじめて善知識のすすめにより、わずかに十遍の名号をとなえれば、すなわち浄土に生まれると言われるのである。この念仏とは、静かにみ仏を観想したり、深く思ったりすることではない。ただ口で名号をとなえることを言うのである。「汝若不能念者《にょにゃくふのうねんしゃ》（もしもお前がよく念ずることができなければ）」と言われている。これは、深く思わないという意味をあらわしているのである。また、「応称無量寿仏《おうしょうむりょうじゅぶつ》（まさに無量寿仏をとなえよ）」と説かれている。ただあさく仏号をとなえよ、とすすめられているのである。「具足十念称南無無量寿仏称仏名故於《ぐそくじゅうねんしょうなむむりょうじゅぶつしょうぶつみょうこお》念念中除八十億劫生死之罪《ねんねんちゅうじょはちじゅうおくこうしょうじしざい》（十念を具足して南無無量寿仏ととなえれば、仏名をとなえたゆえに、念念のうちに八十億劫の生死の罪が除かれる）」と言われている。ここで十念というのも、ただ称名の十遍である。本願の文の意味も、これになぞらえて知られるであろう。

善導和尚は深くこの意味をさとって、本願の文について述べたもうにあたって、「若《にゃく》我成仏十方衆生称我名号下至十声若不生者不取正覚《がじょうぶつじっぽうしゅじょうしょうがみょうごうげしじっしょうにゃくふしょうじゃふしゅしょうがく》（たとえ私が仏になることができるとしても、全宇宙の衆生が私の名を下は十声にいたるまでとなえて、もし私の造った国に生まれなければ私は仏にならない）」と言われている。十声というのは、口でとなえる意味をあらわそうとしておられるのである。

「汝若不能念《にょにゃくふのうねん》」というのは、五逆・十悪の罪人や、仏法以外の不浄の教えを信じていた者が、病いの苦しみに閉じこめられて、心に弥陀を思いたてまつらなければ、ただ口で南無阿弥陀仏ととなえよとすすめたもうたみ言葉である。これは称名が本願であると、誓いたもうておられることをあらわそうとしておられるのである。

「応称無量寿仏《おうしょうむりょうじゅぶつ》」と述べたもうのは、この意味である。応称は、となえよということである。
「具足十念《ぐそくじゅうねん》称《しょう》南無《なむ》無量寿仏《むりょうじゅぶつ》称仏名《しょうぶつみょう》故《こ》於《お》念念中《ねんねんちゅう》除《じょ》八十億劫《はちじゅうおくこう》生死《しょうじ》之罪《しざい》」というのは、五逆の罪人がその身に罪を持っていることは、八十億劫の十倍もの罪を持っているゆえに、十度、南無阿弥陀仏ととなえよとすすめておられるみ言葉である。一度の念仏で八十億劫の十倍の罪を消してしまわないことはないであろうが、五逆の罪の重さを知らせようとして、このように説かれているのである。十念というのは、ただ口で十遍となえよということである。それゆえに選択本願に、「若我成仏十方衆生《にゃくがじょうぶつじっぽうしゅじょう》称我名号《しょうがみょうごう》下《げ》至十声《しじっしょう》若不生者《にゃくふしょうじゃ》不《ふ》取正覚《しゅしょうがく》」と申すのは、弥陀の本願は、十声までの念仏をとなえる衆生は、すべて往生すると知らせようと思し召されて、十声とのたもうておられるのである。念と称とは一つの意味であると知るべきである、ということである。念を離れた声はない、声を離れた念はないということである。

私はこれらの文章の意味について、思うほどは申さなかった。すぐれた人たちに訊ねていただきたい。けれども、深いことは、これだけでも推し量っていただけるであろう。

◎次にまた、「臨終時の念仏は功徳がはなはだ深い。十度の念仏で五逆の罪を滅ぼすのは臨終時の念仏の力である。つね日ごろの念仏にその力はない」と主張する人がいる。

これについて考えれば、臨終時の念仏は功徳がことにすぐれている。ただし、その心をよく知らなければならない。人の命が終わろうとするときは、百の苦しみが身に集まって、正念が乱れやすいものである。そのときに仏を念じることに、何のゆえにすぐれた功徳があるのであろう。このことについて考えれば、病いが重く、命が迫って、身に危険があるときには、信心はおのずから起こりやすくなる。私が世の人のならいをまのあたりみるのに、わが身が安らかなときは、医師も陰陽師《おんようし》も信じることはないが、病いが重くなれば、彼らを信じて、「この治し方を試みれば、病気は治ります」と言われれば、ほんとうに治ると思いこんで、口に苦い味をもなめ、身に痛い療法をも加えるのである。「もしこの祀《まつ》りをしたら、命はのびるでしょう」と言われれば、財宝をも惜しみなくついやして、力をつくして祀ったり祈ったりするのである。これはすなわち、命を惜しむ心が深いことによって、命がのびると言われれば、深く信じる心があるのである。臨終時の念仏も、これになぞらえて心得るべきである。

命が一刹那に迫って、もはや生きられないと思えば、後生の苦しみがたちまちにあらわれ、火車が姿をあらわしたり、鬼卒が眼前に浮かび出るものである。いかにして地獄の苦しみをまぬがれ、恐怖から逃がれようと思うさいに、善知識に教えられて十念の往生を聞けば、深重の信心がたちまちに起こって、これを疑う心がないのである。これはすなわち、苦しみをいとう心が深く、楽しみを願う心が切であるゆえに、極楽に往生できると聞けば、信心がたちまちに発するのである。命がのびると聞いて、医師や陰陽師を信じるのと同じである。こういう心をつねにいだいておれば、最後の刹那にいたらなくとも、信心が決定すれば一称一念の功徳は、すべて臨終時の念仏に等しいはずである。

また次に、世の中の人には、「たとえ弥陀の願力を頼んで極楽に往生しようと思っても、私たちには先の世で犯した罪業がわからない、どうしてたやすく生まれることができるのであろう。業のさわりには、さまざまな種類がある。順後業《じゅんごごう》というのは、その業をつくった現世においては報いを受けず、後の世に生まれたときに受けるものである。そうであれば、私たちは今の世においては人間界の生を享けているとはいえ、地獄や餓鬼や畜生などの悪道に堕ちるべき業を身にそなえていることを知らない。その業力が強くて悪道へひかれてゆけば、浄土に生まれることはむつかしかろう」と言う者がいる。

この主張はまことに当然であるとはいえ、疑いの網にとらわれていて、みずから妄見を起こしているのである。およそ業は秤《はかり》のようなものである。重いものがまず引くのである。もしもわが身にそなえているはずの悪道へおもむく業の力が強ければ、私たちはすでに人間界の生を享《う》ける前に、まず悪道に堕ちているはずである。ところが、私たちはすでに人間界の生を享けているのである。それによって、たとえ悪道へひかれる業を身にそなえているとしても、その業は人間界の生を享けることができた五戒よりは、力が弱いということが知られるのである。もしそうであれば、悪道へひく業の力は、五戒をすら妨害できないことになる。それがどうして十念の功徳を妨害できよう。五戒は*有漏《うろ》の業である。念仏は*無漏の功徳である。五戒は仏願の助けによっていない、念仏は弥陀の本願のみちびきたもうところのものである。念仏の功徳は十善よりもすぐれ、すべて三界の一切の善根にもまさっているのである。五戒の少善と較べられるものではない。五戒をさえ妨害できない悪業である。往生の妨害になるはずがない。

　次にまた、「五逆の罪人が十度の念仏によって往生するというのは、宿善によるのである。私のような者が宿善をそなえていることはありえない。どうして往生することができよう」と言う人がいる。

　これもまた、愚という闇に覆われているがゆえに、いたずらにこういう疑いをなすのである。その理由は、宿善の厚い者は今の世においても善根を修め、悪業をおそれるものである。宿善が少ない者は今の世においても悪業を好み、善根をつくらないものである。私たちが身にそなえている宿業の善悪は、今の世の生きざまによって明らかに知られるであろう。しかるに善心がないとすれば、それによって宿善が少ないということがはかり知られる。私たちはしかし、罪業が重いとはいえ、五逆の罪はつくらない。善根が少ないとはいえ、深く本願を信じるのである。五逆の罪を犯した者が、十度念仏することすら宿善によるのである。どうして私たちが命終えるまでとなえつづける念仏が、宿善によっていないことがあろう。何のゆえに五逆の者の十念を宿善と思い、私たちの一生の称念については宿善が浅いと思うのであろう。浅智慧は菩提のさまたげと言うが、まことに、この種の人を指しているのであろう。

次に、念仏を信じる人のなかにも、「往生浄土の道は信心が優先する。信心が決定したうえは、あながちに称念を必要としない。『大経』には、すでに〝乃至一念（一度でも念仏すれば）〟と説かれている。それゆえに一念で十分である。何度も念仏をとなえつづけるのは、かえって仏の願を信じないことである。念仏を信じない人間であるとして、大いにあざけったり、深く謗ったりする」と訴える人がいる。

まず専修念仏といって、もろもろの大乗の修行を捨ててしまい、ついで一念の主張を行なって、みずから念仏の行をもやめてしまう。これはまことに魔界につながり、末法の世に生きる衆生をたぶらかすものである。この説には正しい面と間違っている面がともにある。往生の業因として、一念で十分であるというのは、その道理はまことに当然であるとはいえ、数を重ねるのは不信であるというのは、すこぶる逸脱した意見である。一念だけでは少ないと思って、数を重ねなければ往生はむつかしいと思えば、これはまことに不信であるというべきである。往生の業因は一念で十分であるといえども、いたずらに日をあかし、いたずらに世を暮らしているうちに、いよいよ功徳を重ねることが必要ではないだろうかと思って念仏をとなえれば、一日中となえても、夜もすがらとなえても、いよいよ功徳を添え、ますます業因が決定するであろう。善導和尚は、力がつきないあいだはつねに念仏をとなえよと言っておられる。これを不信の人とするのであろうか。こういう人をひとえにあざけるのも、また正しくない。一念というのは、すでに経の文である。これを信じないのは、仏語を信じないことである。それゆえに、一念で往生が決定したと信じて、しかも一生おこたりなく申すべきである。これを正義（正しい教義）とするべきである。念仏の大事な教えは多いが、略して述べれば以上のようである。

　この文章を見る人は、きっとあざけりをなすであろう。しかしながら、教えを信じる者も謗《そし》る者も、それがともに原因となって、すべての者が間違いなく浄土に生まれるであろう。夢の中のような今生での契りを標《しるべ》として、来世の悟りの前の縁を結ぼうと私は思う。私が後に生まれたのであれば、人に教え導びかれ、先に生まれたのであれば、人を教え導びこう。生々に善友となってたがいに仏道を修行し、世々に知識となって、ともに迷執を断とうではないか。

本師釈迦尊《ほんじしゃかそん》　悲母弥陀仏《ひもみだぶつ》　左辺観世音《さへんかんぜおん》　右辺大勢至《うへんだいせいし》　清浄《しょうじょう》　大海衆《だいかいしゅ》　法界三宝海《ほっかいさんぼうかい》　証《しょう》明一心念《みょういちしんねん》　哀愍共聴許《あいみんぐちょうこ》（本師釈迦尊よ、悲母の弥陀仏よ、左辺の観世音よ、右辺の大勢至よ、清浄なる大海衆よ、法界の三宝海よ、私の一心の念仏を証明して、哀愍して共に聴許したまえ）

原本には承久三年（一二二一）九月十四日　安居院法印聖覚作とある。

寛喜二年（一二三〇）六月二十五日、その聖覚真筆の原本によって愚禿釈の親鸞がこれを書き写した。

南無阿弥陀仏

田舎の人びとは文字の意味も知らず、愚痴のあさましさにもきわまりがない。それゆえに私は容易に心得させようとして、同じことを、たびたびとりかえひきかえ書きつけた。心ある人はおかしく思うであろう。あざけることであろう。しかしながら私は人びとの謗りをかえりみず、一筋に愚かな者に心得やすいようにしようと思って記したのである。

康元二年（一二五七）一月二十七日

愚禿親鸞八十五歳これを書き写す

弥陀如来名号徳

みだにょらいみょうごうとく

阿弥陀仏の十二光を解説し、十字・八字の尊号の徳を述べたもの。

無量光というのは、『観無量寿経』に、「無量寿仏には、八万四千の相《すがた》がおわします。その一つ一つに、おのおの八万四千の微細な相がおわします。その微細な相の一つ一つに、また八万四千の光明がおわします。一つ一つの光明があまねく全宇宙を照らして、念仏する衆生を収めとって捨てたまわぬ」とのたまわれている。恵心院の源信僧都は、この光についてお考えになり、「如来の一つ一つの相に、それぞれ七百五倶胝《ぐてい》六百万の光明がある。熾然赫奕《しねんかくやく》と輝きわたっている」とのたまわれている。一つのお相より出ている光明がこのようである。まして八万四千の相より出ている光の多さは推察できるであろう。この光明の数が多いことによって、無量光と申すのである。

次に無辺光というのは、このように無数の光が全宇宙を照らしていることが、いずこにも涯《はて》がないゆえに無辺光と言うのである。

次に無礙《むげ》光というのは、通常の日月の光は、ものをへだてれば及ばないのにたいし、この弥陀のおん光は何ものにも妨げられず、すべての有情を照らしたもうゆえに無礙光仏と言うのである。有情の煩悩や悪を行なう心にさえぎられずにおわしますことにより、無礙光仏と申すのである。この無礙光の徳がなければ、私はどうすることができよう。あの極楽世界とこの娑婆世界とのあいだは、十万億の*三千大千世界によってへだてられていると説かれている。その一つ一つの三千大千世界に、それぞれ四重の*鉄囲山《てついせん》がある。それらの高さは、*須弥山《しゅみせん》とひとしい。次に少千界をめぐる鉄囲山がある。高さは*第六天にいたっている。次に中千界をめぐる鉄囲山があり、高さは*色界の初禅にいたっている。次に大千界をめぐる鉄囲山がある。高さは第二禅にいたっている。それゆえにすなわち、もし如来が無礙光仏でおわしまさなければ、一つの世界さえ通ることができない。どうして十万億の世界を通ることができよう。あの無礙光仏の光明は、このように不思議の山々を徹照して、この念仏する衆生を収めとりたまい、防害されることがないゆえに無礙光と言うのである。

　次に清浄光と申すのは、法蔵菩薩には貪欲の心がなくて得たもうた光であるゆえである。貪欲ということには二つがある。一つには婬楽の貪《むさぼ》り、二つには財宝の貪りである。この二つの貪欲の心がなくて得たもうた光である。よろずの有情の汚穢《おえ》や不浄を除こうがためのおん光である。婬欲や財欲の罪を除きはらおうがためである。それゆえに清浄光と申すのである。

次に歓喜光というのは、瞋《いか》りのない善の根をもって得たもうた光であるゆえである。無《む》瞋《しん》というのは、外見に瞋り腹立つ姿もなく、心の中にそねみ嫉《ねた》む心がないことを無瞋と言うのである。この心をもって得たもうた光であり、よろずの有情の瞋恚《しんい》憎嫉《ぞうしつ》の罪を除きはらおうがために得たもうた光であるゆえに歓喜光と申すのである。

次に智慧光と申すのは、これは無《む》癡《ち》の善根をもって得たもうた光である。無癡の善根というのは、一切の有情が智慧を習い学んで、無上菩提にいたろうと思う心を起こさせようがために得たもうたものである。念仏を信じる心を得させてくだされるのである。念仏を信じるというのは、すでに智慧を頂戴して仏になりうる身となることであり、これが愚癡を離れることであると知るべきである。それゆえに智慧光仏と申すのである。

次に無《む》対《たい》光というのは、弥陀の光に等しい光がおわしまさぬゆえに、無対（対比しうるものがない）と言うのである。

次に炎王《えんおう》光と申すのは、光がさかんであって、火がさかんに燃えている状態にたとえまいらせているのである。火が煙のない炎となってさかんに燃えているようである、ということである。

次に不《ふ》断光《だんこう》と申すのは、この光がひとときも絶えずやまず照らしている（以下〈〉内は脱落部分。意味が通るように補った＝訳者）〈ことを言うのである。〉

〈次に超日月《ちょうにちがつ》光と申すのは、日月を超えた〉光である。超というのは、この弥陀の光明は日月の光よりすぐれたもうゆえに超と申すのである。超は他の光にすぐれ超えたまえりと知らせようとして、超日月光と申すのである。

以上でもって十二光のさまを、おおよそ書き記した。くわしくは申しつくしがたく、書きあらわしがたいことである。

阿弥陀仏は智慧の光でおわしますのである。この光を無礙光仏と言うのである。無礙光と申す理由は、全宇宙の一切の有情の悪業や煩悩の心にさえぎられず、へだてられないゆえに無礙と申すのである。弥陀の光が私たちの思議を超えていることをあらわし知らせようとして、帰命尽十方《きみょうじんじっぽう》無礙光如来と申すのである。無礙光仏をつねに心にかけ、となえたてまつれば、このみ仏は全宇宙のすべての仏の徳を一身にそなえたもうことにより、弥陀をとなえれば、その功徳や善の根にきわまりがないゆえに、龍樹菩薩の『十二礼』に、「我説《クニ》二彼尊《ノ》功徳《ノ》事《ヲ》一衆善無辺《ニシテ》如二海水《ノ》一」（私がかのみ仏の功徳のことを説くのに、もろもろの善にかぎりがないことは、海水のようである）と教えたもうのである。それゆえに不可思議光仏と申すとみえている。不可思議光仏であるがゆえに、尽十方無礙光仏と申すと、世親菩薩は『往生論』にあらわしておられる。阿弥陀仏に十二の光の名がおわします。（以下脱落）

難思光仏と申すのは、この弥陀如来の光の徳をば釈迦如来もみ心が及ばないと説きたもうておられる。心が及ばないゆえに難思光仏と言うのである。

次に無称《むしょう》光と申すのは、これも「この不可思議光仏の功徳は説きつくしがたい」と釈尊はのたまわれている。言葉も及ばないということである。それゆえに無称光と言う、とのたまわれている。それゆえに曇鸞《どんらん》和尚の『讃《さん》阿弥陀仏の偈《げ》』には、難思光仏と無称光仏とを合わせて、南無不可思議光仏とのたまわれているのである。

この不可思議光仏が出現したもうべきところを、つとに世親菩薩の〔『浄土論』が説きあらわしておられる。それによれば、「第十七の諸仏咨嗟《ししゃ》の願のなかに大行が説かれている。大行というのは、無礙光仏のみ名を称することである。この行は一切の行をあまねく収めている。悟りにいたる手段は極速であり円満している。それゆえに大行と名づける。それゆえに衆生の一切の無明をよく破る。また煩悩を具足しているわれらは、無礙光仏のおん誓いを二心なく信じるゆえに無量光明土にいたるのである。光明土にいたれば自然に無量の徳を得、広大な光を具足する。広大な光を得るゆえに、さまざまな悟りを開くのである」〕とみえている。

自力の行者を、如来と等しいということはありえない。おのおの自力の心によっては、不可思議光仏の浄土にいたることはできない、ということである。ただ他力の信心によって、不可思議光仏の浄土にいたるとみえている。かの国に生まれようと願う信者には、言うべからざる、説くべからざる、思議すべからざる徳がそなわる。心も及ばず、言葉もたえている。それゆえに不可思議光仏と申すとみえている、ということである。

南無不可思議光仏

ある本に「文応元年(一二六〇)庚申十二月二日これを書き写す。愚禿親鸞八十八歳書きおえる」とある。

解説

親鸞思想と現代

一 反仏教的救済——感性から理性へ？

日本人に普遍的な救済原理は何だろう？ 言いかえれば、日本人は一般に、何によって生きることにも死ぬことにも安心を得ているのか、という問題であるが、解明のためには、まず近所の家並をぶらついてみればよい。

いたる所に神社や寺院があり、小さな祠や堂がある。道ばたには裸の道祖神や石地蔵が並んでいる。小さな稲荷の祠や地蔵堂にも熱心な信者がいて、花や供物がそなえられていたり、縁起が記されていたりする。石地蔵のあるものは、交通事故の現場にも据えられている。死者の霊はそこに籠っているのか、あるいは時に降臨するのか、死者と石地蔵との関係を、判然と説明できる者はたぶんいない。通りかかる者は近親者が手向けている花束に強調されて、いたましい轢死体や、浮かばれない非業の霊を、悲しみながら漠然と想像するのである。

そういう神仏混淆の宗教的空間が、私たちがその中で生まれ育って、無意識のうちに安心を吸収している、一種の精神の母胎である。各自の家にも神棚や仏壇という聖域がある。そのうえ、かつては現人神《あらひとがみ》であった天皇家の写真が、今も飾られている場合が多い。この写真が私たちに喚起する感情は、日本人に独特な安心の質を、明瞭に表わしているかもしれない。天皇はかつて、神聖にして犯すべからざる存在であった。理解も言及も許されなかったのであって、私たちの精神の介入をこばむ、畏怖するべき禁忌（タブー）であった。そういう、禁忌にたいする盲目的な服従も、私たちの安心の重要な内容である。

神殿や寺院の一隅には易者がいる。その思想的源泉である周易や陰陽道や儒教や道教という中国思想も、注目するべき救済の要素である。私の場合は易学というものの、非合理性や迷信性についてこそ注目したいのだが、今はより重要な、神道と仏教という、二つの救済要素の本質および相互の関係に、焦点をしぼって考えてみたい。

まず両者の関係であるが、私たちは右に述べたように、神仏混淆の宗教的空間の中で、ある日本人独自の安らぎを、無意識のうちに得ているのである。しかし両者の関係の起源を探れば、奥行きはまことに深い。両者は深く長くもつれあっていて、とても二要素に還元できるものではない。いや、日本神道も日本仏教も、それぞれの本質はもともとあいまいであって、理性的に分析できるものではあるまい。だからこそ、何よりも私たち自身の感情の中で、解きがたく錯綜しているのである。

たとえば両者の密接な関係の一例は、明治初年の神仏分離令によって消滅した神宮寺である。

仏教が六世紀のなかばに導入されて一世紀あまり後から、各地の神社の境内に神宮寺が建立されていった。成立の背景には、神々もまた迷える衆生の一員であるという、まことに判りやすい認識があった。

第五巻の解説で紹介した仏教の六道輪廻の生命観によれば、欲望の楽しみのみのあつまる天上界も、この人間界と同様、迷妄の世界の一環にすぎない。だからそこに住む神々も、仏教を学んで、迷いの世界を離れて成仏しなければならないという論理が成立する。たとえば宇佐八幡神は、伝教大師最澄の説法を聞かなければならないのであって、生身の僧侶のほうが、眼にみえぬ神々より上位にいた。

しかしながら、こういう仏教上位の思想が、神仏の関係のすべてを尽しているわけではむろんない。仏教が導入されていらい、天照皇大神をはじめとする日本古来の神々も、あるいは仏教の守護神とされ（三十番神）、あるいは仏たちの、衆生済度の方便のための化身とされる本地垂迹説が成立した。しかし一方では、天皇家の祖先とされる天照皇大神を祀る伊勢神宮は、僧体の者の神域への入場を拒みつづけてきた。

天武天皇いらいの古代の天皇制ははなはだ強権であって、現人神は全国の神々に位階をさずける権限をも有していた。だからこそ明治政府も、天皇の権威のもとに神仏分離令を発令できたのである。神仏をおそれぬ所行と言わなければなるまいが、ここにも見られるのは、現人神上位・神仏下位の思想である。言いかえれば、政治上位・宗教下位の思想である。人間が聖なるものに奉仕するのではなく、聖なるものが人間に奉仕しなければならないとする現実主義的な感覚が、日本人の宗教感覚の根源にある。

仏教もまた、最初は蘇我氏の守護神として導入されたとはいえ、のちには国家に従属して、鎮護国家という現世利益導入の役割をになったことは周知の通りである。その国家なるものの第一の内容は、天皇家および公家という支配階層である。古代仏教の本質は、その安穏や繁栄のために奉仕させられた祈禱仏教であり、呪術でしかない。この政治優位、宗教劣位という観念が、伊勢神宮への僧侶の入場拒否という慣習の中にもあらわれているだろう。

右はほんの一例にすぎない。くだくだしい実例の紹介は省くが、日本人をともに、同時に救っている神仏の両宗教は、ともかくこのように、一面では結合し、一面では背反しているのである。背反のさらに具体的な一例は、私たちが一般に婚礼は神式で、葬礼は仏式でおこなうことに見られる。私がここで強調したいのは、私たちがこういう二律背反をあやしまない、ということである。だから教義上の解明をおこなって納得しようとしたりせず、あいまいな感性の領域において、神仏混淆の宗教的空間の中に、漠然たる安心を見いだしているのである。一般の日本人にあって、その感性の由来が悟性によって認識されることも、理性によって分析されることもない。

日本人に普遍的な救済原理は、だから実は、原理という言葉をもちいるのが不適切であるほどに、あいまいで漠然としたものであると言わなければならない。にもかかわらず私がこの言葉をもちいる理由は、あとで述べる。さしあたって、何故《なぜ》あいまいで漠然としているかの理由を私なりに推測すれば、それは神仏なるものが一般の日本人にあっては、じかに感覚的で、狎れ狎れしい存在であるゆえである。

次節で述べる親鸞にとっての阿弥陀仏は、正反対の存在である。それは無限の彼方におわします、人智を隔絶した、人間の側からのいかなる接触も不可能な存在である。その存在から私たちに、一方的に本願というみ言葉が差しむけられている。親鸞の用語で言えば、廻向されている。『大無量寿経』に記されているそのみ言葉は、だれにでも読める。しかし阿弥陀仏の慈悲によって私たち人間に廻向されている、すなわち読めるものとなっているそのみ言葉は、ただ不可思議なる勅命である。根本のところで、解釈や批判をこばんでいるものである。それは、ただただ服従するべきものである。

一般の日本人にとっての神仏は、そのように超越的な存在ではない。それは私たちに直接恵みをあたえたり、タタったりする身近な存在である。私たちに時に福をさずけ、時に災いをもたらすのであるが、悪神や悪霊のもたらす災いも、それらに対抗する神仏菩薩などの霊力をわが身に加持することによって、容易に解消できる程度のものである。すなわち一般の日本人には、親鸞のように、自分を救われがたい凡愚の悪人と断定したり、現代をいかんともしがたい五濁《ごじょく》の悪世界と判定したりするような、徹底した絶望やニヒリズムの自覚はない。

身近な神の一例として、稲荷について考えてみる。幾重にもつらなる赤い鳥居の奥の神殿に祀られている神は、日本古来の倉稲魂神《こかのみたまのかみ》であったり、インドから中国および朝鮮をへて渡来した、仏教の守護神荼枳尼《だきに》天であったりする。しかし、そういういかめしい言葉を知らなかった古代人にあっては、稲荷神の実体は、神殿の前の両側に据えられている置物から知られるように、稲をくわえて身近を駈けまわっていたキツネである。キツネの霊能が、しだいに倉稲魂神や荼枳尼天に結晶していったわけであるが、一方では、キツネそのものが稲荷神であるという信仰も生きつづけている。柳田国男の「巫女考」は、人とキツネとの狎れ狎れしい関係について、愉快なエピソードを紹介している（筑摩書房刊、定本『柳田国男集』9、二四七頁以下）。

「稲荷下しは夷下しとは違って近頃までも之を業とする者があった。見た事はないが自分もよく話に聞いている。即ち狐と人の仲介をする者、狐の口寄である。狐憑のある家でも頼めば、単に稲荷を信心して福を求める家でも祭の折に之を頼む。小豆飯とか油揚とか狐の好む食物を携へて此者と共に山へ祭りに行くと云ふことをよく聞いた。あなたは御眷属《ごけんぞく》が多うございますか、おれは子が多い上に夫がとんと一所に居らぬのでなどと、人間の女房とよく似た愚痴を云ふ女稲荷もあった。而も之が口寄を勧めるのは祭官兼帯の男の爺《おやじ》であったから面白い。時には祈禱祭典の金銭を貪らんが為に、或は何かの恨を以て狐を人に憑けることもある。稲荷下しは狐を使ふと云ふことは昔から今日まで往々聞く所である。現今の稲荷神は狐ではない、狐とは主従の関係である、と謂ふ説は承認しないわけに行かぬが、少なくも此だけの事は亦事実である。即ち新猿楽記の狐坂の伊賀専女《いがのとらめ》以来、狐を神に祭った例は無数である。諸国の狐塚は其祭場である。関東の諸国では狐をトウカ或はオトウカと言ひ、トウカは稲荷の音読である」（傍点真継・以下同様）。

何故《なにゆえ》にこのように、キツネが人以上の神と崇められたり、恐れられたりしてきたのだろう？諸説があるだろうが、私には、飢饉に見舞われた古代人の心境を想像せよと薦める谷川健一氏の説が説得的である（「聖なる動物」、三一書房刊『魔の系譜』所収）。すなわち、人びとが無残に斃死してゆく太古の飢饉の時代にあっては、人びとは、楽々と生きのびてゆくキツネやタヌキ、あるいはネズミやカラスのような鳥獣を、自分たちより秀れた能力の持主とみなさざるをえなかったのである。何も古代だけのことではない。谷川氏は右の論考で、薩南諸島の悪石島に生きる少女が飢饉に見舞われて、カラスになりたいと希う痛切な詩を紹介している。戦後のことである。彼女は、せめて「ガヤス（カラス）になりたい、ネズミさまはのぞめなくとも」と歌うのだが、薩南七島では、カラスは巫女のことでもあり、ネズミは神であるとも谷川氏は言う。カラスの霊能は人間が媒介できるていどのものであるが、ネズミのそれは、人間をはるかに超えた能力であるという自覚があったのかもしれない。

無力な古代人は、自分より秀れたネズミやカラスやキツネやタヌキなどの能力を、何とかしてわが身に加持（加えて保持する）して、おのれの向上を図らざるをえなかったのである。有名なキツネ憑きの信仰は、こういう古代人の、やむにやまれぬ願望に発している。起源は今日の常識となっているような、悪霊の憑依《ひょうい》ではない。タタリをもたらす悪霊の側から積極的に人間に取り憑いてくるのではなくて、人間の側から、善神なるキツネの霊力を、たぶん自分がキツネの恰好をして懸命に鳴きつづけたりして、わが身に取り憑かせようとしたのである。もとは善神であったキツネが、柳田が右の引用文の傍点の箇所で書いているように、時に悪霊に変身するのは、人間の側に責任があるだろう。人びとが争えば、一方の側の守護神であるキツネは、敵対する側にタタらなければならないからである。一方にとっての善神が、他方にとっての悪霊になる。

こういう憑依が、シャーマニズムと呼ばれる呪術の一要素である。日本人だけではなく、全人類に貫徹している宗教行為の一半である。

私はシャーマニズムの説明に入るにあたって、今ひとつ、キツネ憑き信仰にかんする面白い事例を紹介しておきたい。石塚尊俊氏の『日本の憑きもの』(未来社刊)は、今日の日本においても、とくに山陰地方に流布しているキツネ憑き信仰にかんして、キツネ持ちの家系として恐れられているのは豊かな移住者であり、恐れているのは貧しい先住者であるという事例をあげている。すなわち、豊かな人びとが貧しく無知な人びとから、わけのわからぬ能力を加持している者として一面では恐れられ、一面では嫉妬されて、キツネ持ちの家系として差別される場合があるのである。

私はこういう、後進先住民と先進移住民とのシャーマニスティックな対立という構図を眼にすると、大林太良氏が、『邪馬台国―入墨とポンチョと卑弥呼』(中公新書)に書いている、日本人のシャーマニズムの成立についての、同様に興味ぶかい推察を連想する。

邪馬台国の位置にかんしては意見が対立している。大林氏の推定は、北九州の沿岸地帯の後背地、飯塚市や田川市や直方市などがあるあたりである。卑弥呼が活躍した三世紀のころに、日本が中国や朝鮮より後進国であったことは言うまでもない。その日本においては、中国商人が渡来して交易する北九州の沿岸地帯が先進文化文明圏であり、そこから一山越えたあたりが、直接その衝撃を受ける後進圏でなければならない。

これは私自身の想像であるが、中国商人は日本へ、華美な織物や銅鏡などのほかに、さいきん稲荷山古墳（埼玉県行田市）から発見されたような、鋭利な鉄剣も搬入していたことだろう。先進圏の部族は有利な武器でもって後進圏を征服し、植民地化していたとも考えられる。被支配者は切歯扼腕《せつしやくわん》せざるをえないのだが、その時に、さきのキツネ憑きの原型の場合と同様に、先進圏住民の守護神を、自分らに憑依させたいという願望が生じる。もしも中国商人が住む港町に、すでに関羽廟もできていたとすれば、彼らの繁栄の礎となっている関羽の霊を自国の巫女に乗り移らせて、繁栄を招きたいのである。この想像の正否はともかく、後進部族のこのような期待をになって、先進圏の守護霊の憑依に成功したのが卑弥呼であり、彼女はこの霊能によって倭の諸国をも統一したというのが、私なりに、簡単に要約してみた大林氏の所説である。

『魏志倭人伝』には、卑弥呼が「鬼道を事とし、能く衆を惑わす」とある。この「鬼道」が、シャーマニズムであったとするのが、今日の民俗学界の定説である。私は卑弥呼の事業を想像しながら、シャーマニズムについてのいちおうの定義を紹介したい。いちおうと言うのは、全人類を貫徹していると言われる（堀一郎『日本のシャーマニズム』講談社現代新書参照）この多様な宗教行為の定義は、はなはだ困難だからである。私は、自分が有力と思うものを、きわめて簡単に紹介せざるをえない。

まず、シャーマンの中国語は「巫覡《ふげき》」である。「巫」は一般に女性シャーマン、「覡」は男性シャーマンを意味し、シャーマニズムは一般に、両者のセットによって成立する。

堀一郎の「巫者と文学—序説」(平凡社刊『聖と俗の葛藤』所収)によれば、「巫」という象形文字にふくまれている二つの「人」は、巫女が両袖を垂らして舞いながら、しだいに異常心理状態に入っていいって、わが身に神を乗り移らせようとする姿を現わしているという多数説がある。「『工』はその舞に規矩あることをかたどるとするのが『説文』いらいの通説だが、一説には工は『玉』の省で、巫者が玉を奉じ歌舞して神おろしをしたことを示すとの解もある」(一三五頁)。

桜井徳太郎氏の「鬼道(シャーマニズム)の問題」(光文社刊『ゼミナール日本古代史』上所収)は、シャーマニズム研究発祥の地であるシベリア・中央アジア地方のシャーマンの、この「規矩」を紹介している。神と合体しようとする彼らは、独特の音楽や歌や祭文にうながされて精神の変調状態に入ってゆくのであり、「そのうちに立ち上がってジャンプしたり音律に合わせてステップを踏み、特殊な発作的行動を開始する。ときには動物の鳴き声や超人間的精霊のごとき音声を発したりする。(中略)熱狂のあまり疲労こんぱいの極に達し、ついに失神状態におちいる。このとき特有な表明、つまりオラクルを発する。オラクルが終わると、あとは眠りに就き、しばらくして目ざめて従前の普通人にかえる」(二六二頁)というのが、その主要部分である。

つまりシャーマン(巫)自身は、伴奏される音楽やみずからの歌舞によって通常の意識を喪失し、人格が転換している時（「トランス」という）に、憑依した（「ポゼッション」という）神霊の言葉（オラクル＝神託・託宣）を語る。自分自身は、何をしているのか判らない。そういう特殊な霊的行為が人間にはあるのであって、とくに、運命から虐げられる女性に多く見られる。

男性シャーマンは「覡《げき》」であって、ごらんの通り「巫を見る」という意味である。すなわち、無意識状態にあって判読不能の言葉を語っている「巫《ふ》」に、いかなる神霊が憑依していて、いかなる言葉を語っているかを、明らかに見るのが「覡」の役割であった。

「巫」は日本においては「かんなぎ」とも、「よりまし」とも、「玉依姫《たまよりひめ》（魂が依る姫）」とも呼ばれてきた。「覡」は「さにわ」と呼ばれて、「沙庭」や「審神者」という字があてられてきた。白砂が敷きつめられた庭は、その上でみずからの魂をうばう（エクスタシー＝脱魂）音楽にあわせて、歌い舞う「かんなぎ」や「玉依姫」に、神が降臨するにふさわしい聖域である。「審神者」はごらんの通り、「神を審《つまびら》かにする者」という意味であって、これ以上説明する必要はない。

近代日本において、こういう「巫覡」のセットによって成立したシャーマニズム（一般には教派神道と呼ばれるのだが）の、典型的な一例は、出口なお、王仁《おに》三郎の二人が興した大本教である。なおは「かんなぎ」であった。王仁三郎は「さにわ」であって、狂人とみまがう振舞をする彼女に憑依しているのは「艮《うしとら》の金神《こんじん》」であると判定し、彼女が語っているのは、悪なる人類にいったんは破滅をもたらし、事後に至福をもたらそうとするこの神の託宣であると判読したのである。

ここでは大本教について詳述できない。私は関連して、「シャーマンはまったく特殊な資性を持っていなければならない」と説く堀一郎の、シャーマニズムの成立についての貴重な所説を引用しておきたい。(「シャーマニズムの諸問題」、『聖と俗の葛藤』所収、一二九頁以下)

「聖の世界と俗の世界の二つの相反する断絶した世界に足をかけているのが宗教であろうと思うが、シャーマンの生来の性格を多くの実例で集めてみると、例外なく子供の頃から偏食であり、憂欝で内攻性、病弱で夢みがちな性格であったと言われている。そうした性格の人が、個人的危機意識あるいは社会的危機意識が強く働きかけると、そこで巫病すなわち精神違和を起こす。

(中略)

この精神違和の間にもっとも注目すべき特徴は、それが首尾一貫した一つの神秘体験を経るということである。そしてその神秘体験を通して、今まで持っていた俗的人格や価値観が根本的に変革する。現在の流行語を使えば自己否定、あるいは原点に立ち帰るといったような個人の基本的精神構造なり、価値観なりが巫病の間に根本的に崩れてしまい、価値の根本的な変革が起こる。それがいろいろな形に表現される。ある場合には身内が火のように燃えたと表現されるが、私はこれを inner heat(内部燃焼)と呼んでいる。また magical flight(呪術飛翔)といって、魂が天界に昇って行くとか、空中を飛翔するような体験がある。また地獄めぐりとか、他界遍歴、そこでのいろいろの試練の物語が伝えられている(真継注・のちに言及されるエクスタシー《脱魂》である)。そこでは原則として、いったん俗人として死に、聖なる人間として生まれ変わる、という死と復活のモティーフが強く出ている。これが制度化されたシャーマニズムになると、そこで教育的な訓練を受けなければならないが、それを経て聖なる呪的カリスマあるいは教祖的人格が形成されてくる。これは、カリスマを持っているシャーマンが辿るコースだと考える。

それではこのシャーマンと俗人とのかかわり合いはどうか。一般の民衆には、例えば社会的不安・欲求不満、これに伴う対社会・対人間の敵対衝動、規範やタブーによる抑圧感が鬱積している。そうすると、それらの鬱積した不満を爆発させないと人格の平衡が破れてしまう。また社会秩序にとって大きな脅威となってくる。そこでこれを人工的に爆発させるために季節祭に、飲酒、喫煙、音楽、ダンス、セックスの解放、暴力、暴音、悪口、喧嘩といった手段で人間を異常興奮状態——オージー状態——に導く。この異常興奮状態すなわち、内部灼熱、逆上状況は一方で鬱積したものの排泄つまりカタルシス的効果とともに人間のレベルから神や霊と交わる非日常性、異常性の神秘体験につらなっている。これは祭の構造の重要な部分だが、ここでその内容は一種の神秘体験にはなるが、人格と価値観の根本的な変革は遂げられず、結局カリスマもしくは神霊といったものへ人格を一時的に委譲してしまうという形になり、これが mass ecstasy となる」

シャーマニズムにおける「聖と俗とのかかわり」についての、見事な説明であると私は思う。前の方で語られている「巫病《ふびょう》」について言えば、出口なおも極度の貧困に責め苛まれた女性であった。正気では耐えがたいほどに責め苛まれて、疲労困憊するのであるが、シャーマンの人格転換（トランス）は、人為的な歌舞によってだけではなく、「巫病」と呼ばれるこの限界情況において生じる場合がある。そしてその時に彼女に憑依した艮の金神は、実は彼女が幼少時に教えを聞いていた金光《こんこう》教の神であった。無から有が生じたのではない。古代人が見慣れていたキツネと同様に、記憶のうちに秘められていた強力な救済者が、危機的情況において、当人の人格を覆いつくすまでに出現するのである。

そこで想像をたくましくすれば、卑弥呼の場合も、あるいは若いころに先進部族の捕虜となって、そちらの神殿の巫女《かんなぎ》となって奉仕させられたことがあったかもしれない。当時の記憶が、自分の部族の危機的情況にいたってよみがえり、関羽のような強力な神が彼女の全人格を占領したというのは、考えられる仮説だろう。その卑弥呼は、往年の現人神・天皇と同様に、神聖にして触れるべからざるタブー（禁忌）となった。いかめしい宮殿の奥にひそんで誰とも会おうとしないこの老いた「玉依姫」の託宣を取り次ぐのは、男性なる「審神者《さにわ》」であった。大本教の場合の出口王仁三郎と同様に、実際の権力者はこの男子のほうであった。聖なる宗教と俗なる政治とが、このようにシャーマニスティックに結合して民衆を統治するというのは、全世界の、とくに古代にありふれた神権政治の形態である。

さて、佐々木宏幹氏の『シャーマニズム―エクスタシーと憑霊の文化』（中公新書）は、シャーマンの精神現象を、

トランス（人格転換）＜
　エクスタシー＝脱魂（魂の旅行）
　ポゼッション＝憑霊（霊の憑依）

と、簡明に図式化している（三五頁）。

私はこれまで、エクスタシーの方向へのトランスについては直接言及せず、説明を堀一郎の引用文にゆだねた。出口王仁三郎にも魂を他界へ遊離させる『霊界物語』があるのだが、私がシャーマンのエクスタシーについてとくに考えさせられたのは、谷川健一氏が「仮面と人形」(前掲書所収)で紹介している、著者と八重山のユタ(沖縄の巫女の一種)との、次のような会話である(二一〇頁)。

私「あなたは後生《ぐしょう》にいったことがあるか」ユタ「いったことがある。死んだ母の袖につかまって空を飛んだ」「後生には何があるか」「この世にある一切のものが後生にもある。学校も警察も、各人はこの世でくらしたのとまったくおなじように生活する」

谷川氏はこのようなユタの報告にかんして、

「要するにユタの答えは、現世と後生とは完全に同質のものであるという古代人の考えを表現したものである。たとえばレヴィ・ブリュルは『未開社会の思惟』の中で次のようにいう。

『……一方、人の世界の模写である亡霊の世界がある。そこでは社会は、おなじように組織され、氏族の生活がつづけられている。各人はこの世で持っていた位置を持ち、生きていた位を保ち、前と同じ儀式を以て祖先の祭儀をおこなう。死者の国でも軍隊もあれば戦争もあり、墓も葬儀もある』

これはユタの述べた後生の世界と酷似している。わが国でも、古墳の副葬品などから死後の国は、現世と変りなくつづけられることが推察される。」

と指摘している。

私がこのような沖縄人の他界観を読んで、あらためて思いあたるのは、人間というもの本来の、強靱な自己中心性である。それは現世においては、諸神諸霊諸仏菩薩の能力をわが身に加持してまで攘災招福を願わざるをえず、死後においてもこのように、あくまで自己自身でありつづけたいと希わざるをえないのである。

目下の私に、シャーマンの特殊な霊能を精神分析する能力はない。いささかシャーマニズムについて考えてみて、思い知らされるのは、この人類に普遍的な呪術宗教が、「現世利益（攘災招福）・後生善処」という人間本来の希求を、いかに実証的に満足させてきたかということである。神霊に取り憑かれたシャーマンは、オラクルによって民衆の災いを攘い福を招く。と同時に、みずからの幻視によって、他界の存在を確証するのである。それは民衆にとって、何と理想的な救済者であったことだろう。ただし、この実証的な救済が異常心理的、非合理的なものであって、加持祈禱による現世利益も、他界ないしは後生の存在も、普遍的に立証できるものでないことは、言うまでもない。

貧しい古代日本は、巫覡の群れが横行する世界でもあった。彼らはことあるごとに勝手な託宣を告げるので、国家はしばしば取り締らなければならなかった。それが文明ないしは生産力の発展によって、しだいに影をひそめてきているのである。

シャーマニズムは衰退の一路をたどっているのであって、今日の日本においてシャーマンが活躍しているのは、東北と琉球弧の両辺境であると言われる。ことに沖縄において、ユタやカンガカリヤー（神がかり屋）などと呼ばれる生き神たちが今も活躍しているさまは、私がこれまで引用したわずかな研究書からも知られる。

シャーマニズムが、日本の中央部において衰退しているのは、文明化だけが理由ではない。中央部においては、シャーマニズムが神道だけではなく、仏教にも変質してしまっているのである。密教ないしは修験道に変質し、そして形骸化して存続しているのである。が、私はその詳細は、第二巻および第四巻の解説で語りたい。親鸞の信仰は、密教化した日本仏教との闘争によって確立され、密教からの脱皮によって実現されているのだから。

その親鸞思想の反措定としてのシャーマニズムについて語っている今は、もういちど、近くの家並をかえりみていただく。いずこにも散見する神社や寺院は、真宗寺院をのぞいて、すべてが現世利益信仰の霊場である。家内安全、病気なおし、安産祈願、水子供養、入試合格、交通安全、……………。いったい神霊や仏菩薩といわれるものが何ものであり、それらの霊力の加持によって、どうして現世利益があるのだろう？　理由を明らかに、合理的に説明できるよしもなく、大半の日本人は漠然たる感性の領域において、神道や仏教にすがっているのである。私たちが日本人のこの安心の姿に見るべきは、かつては巫覡のセットとして顕在していたシャーマニズムの、形骸化した残滓《ざんし》である。

私たちが十日戎などの祭礼のさいに神社を訪れて、特別の懇志をさしだすと、白衣に緋袴の官女が神剣を抜き、神楽にあわせて舞ってくれることがある。そのはるかな祖型が、わが身に神を憑依させていた「かんなぎ」である。密教系の新興宗教団体を訪れると、修験者が、呪文をとなえ印をむすんで、護摩壇に燃えあがる炎やわが身に、不動明王や観世音菩薩を示現することがある。それがシャーマニズムの、仏教への変質の姿である。それがしかし卑弥呼の時代のように、精神共同体を統一する強力な宗教にまで、復活することはもはやない。大半の日本人の心性にあって、形骸化したシャーマニズムは、癖のようなものとして残存しているのみである。

今日の日本人は、神社や仏閣の奥に秘められているものにたいして、強い信頼を寄せていない。神仏や天皇がタブーとして、民衆を畏怖せしめるだけの霊威を発揮することもなくなっている。シャーマニズムそのものは衰退の一路をたどっているのであるが、にもかかわらず、現世利益信仰そのものは強力であって、民衆の期待は神社や寺院、神主や僧侶に集中している。私はこの魅力の大半は、神道や仏教の内実ではなくて、神社や仏閣という外形に顕現している日本独自の美にあると思っている。内実の迷信は衰退していながら、外形の美が、私たちの心の底からなつかしさを喚起して、惹きつけざるをえないのである。このような意味での美と迷信の結合が、日本人に普遍的な救済原理である。全人類にありふれたシャーマニズムがしだいに形骸化しながらも、なお、日本独自の美と結合して、私たちを深い感性の領域において、漠然とした、なつかしい安らぎをあたえている、ということである。

美と迷信の結合というこの救済原理を、私はあながち否定するものではない。まず第一に、迷信にも主として生命力の昂揚と孤独からの救済という、二つの救済要素が間違いなくあるからである。たとえば何日間も団扇太鼓をたたいて唱題をつづけたりする極端な生命力の昂揚が、一般に不治とされている病気を治してしまったりする場合もあるだろう。また今日の、人間を砂のようにバラバラに解体させてしまう資本主義体制において、数多くの宗教団体は、極度に迷信的な新興宗教団体をもふくめて、人間の孤独からの救済という、重要な役割をはたしているのである。

しかし一般の神道や仏教が喧伝している現世利益信仰は、普遍化できるものではない。万人に納得させられるものではないのである。そのためには教義の合理化が必要であるが、一般の神道や仏教の教義が、合理化に耐えられるものではない。そして感性の領域にとどまる信仰は、時に排他的な狂信に激変する。それはもともと万人を納得させることができないために、批判者の抹殺によって自己を保持しなければならない傾向を、もともと含んでいる。私たちが現人神・天皇信仰のこの狂信的・暴力的な普遍化によって、心身を圧殺されるまでに苦しめられたのは、遠い過去のことではない。

それにたいし、次節で述べる親鸞の信仰はもともと理性的なものであって、万人に普遍化できるものである。しかも親鸞の信仰は、第五巻の解説でも簡単に言及したように、自由主義・平等主義・合理主義という、万人にとって望ましい生き方を内包しているのである。

二　仏教的救済――理性から感性へ？

親鸞の信仰の根拠、すなわち根本の依りどころは言葉である。それは親鸞自身が読んでいた原語で紹介すれば、

設我得仏　十方衆生　至心信楽　欲生我国　乃至十念　若不生者　不取正覚　唯除五逆誹謗正法

という、わずか三十六文字の漢語である。

これは釈尊が説く『大無量寿経』（以下『大経』と略称）に明記されている、法蔵菩薩ないしは阿弥陀仏の四十八の誓願のうちの、第十八番目のものであって、法然までの伝統的な解釈によれば、

たとえ私が仏に成ることができるとしても、全宇宙の生きとし生けるものが、心から私を信じて喜び、私が造った極楽浄土に生まれようと欲して、一度でも十度でも「南無阿弥陀仏」と称えるとしよう、にもかかわらず生まれることができなければ、私は仏に成らない。ただ五種類の重罪を犯すことと仏法を誹謗することとは、厳につつしまなければならぬ。

となるだろう。法蔵菩薩はこれを含めた四十八の誓願を立て、すべてが成就したことによって阿

弥陀仏と成りたもうた。なかでも右の第十八願が、仏みずからが、根本のものと選択したもうておられる誓願である。他の誓願は補助的なものであるゆえに、私たちはもっぱらこの誓願に帰依し、この本願のすすめにしたがって「南無阿弥陀仏」と称え、往生浄土を願うのである。

そのように親鸞に教えたのは法然であった。親鸞は法然の解釈を媒介にして本願に出会い、これに帰依した。以後は数十年の長きにわたって本願の意味を考えつづけ、やがて独自の解釈による、独自の信心（安心と言っても同じである）を確立した。すなわち親鸞の前にはつねに、釈迦・弥陀二尊の大慈悲心によって、人間に読めるものとして差しだされている「本願というみ言葉」があった。それをどのように解釈して信じるかということだけが、親鸞の課題であった。べつの角度から言えば、親鸞の信仰確立に、シャーマンに見られるような神秘的・非合理的な体験は何ら関与していない。それはもっぱら理性的な思索によるものであった。

第五巻の解説でも言及したことであるが、六道輪廻の世界から極楽浄土にいたる仏道というのは、もともと架空の事柄である（二〇八頁）。それは私たちが生前に体験できる事柄ではない。体験できない以上はその分析によって考えられるものではなく、ただただ先験的・理性的な思索に属する事柄である。

浄土教には、唐の善導が説いた「二河白道」をはじめ、数々のたとえ話がある。たとえである以上は、貪りの水の河や瞋《いか》りの火の河と言ったような、経験にもとずく空想が語られている。その意味では先験的ではなく、経験によらなければ味読できないのであるが、親鸞の信仰確立の過程とは、人間の経験やそれにもとずく空想どころか、ついには、理性的な思索そのものをも挫折させることである。親鸞は自分の思索を挫折させるためにこそ思索し、その結果信にいたっている。往生浄土のための思索とは、そういう意味での理性的な思索である。

たとえば阿弥陀仏は右の本願において、どうして念仏のみを私たちの極楽往生の手段としておられるのだろう？　それは法然が『選択本願念仏集』であざやかに解明しているように、極楽浄土が大乗仏教の理念にもとずき、あらゆる衆生を収めとって、そこにおいて成仏せしめるために建設されているからである。いかなる愚痴無知の悪人をも収めとるためには、往生のための手段は、万人に可能なものでなければならない。貧しい者を収めとるためには富を要求してはならず、愚かな者を収めとるためには智慧や知識を要求してはならない。悪人を収めとるためには、善行を要求してはならないのである。だからこそ弥陀は私たちに、だれにでもできる往生浄土の手段として「南無阿弥陀仏」という名号を廻向したまい、これを称えるよう薦めておられるのである。法然のこの解釈は、これを承認するしないかは別問題として、だれにでもわかる論理である。法然がこのような本願入信にいたるまでに、思索と実践の相方で長い模索があったとしても、結論そのものは、小学生にでもわかる論理である。

親鸞が独自の本願解釈のために用いている論理は、法然のものよりは難解である。そこではのちに説明するように、文法すらが無視されている。しかしけっして非論理的なものではなく、親鸞は私たちに、自分なりの整然たる信仰理論を展開してみせ、その上で、自分とひとしく「念仏をとりて信じたてまつらんとも、また捨てんとも、面々の御計《はからい》なり」(「歎異抄」第二条)と、信・不信という根本の問題を、私たちの自由意志にゆだねているのである。

その親鸞の、独自の教義それ自体にかんしては、第二巻の解説で説明される。独自の信仰確立の過程については、第四巻の解説で語られる。私が「親鸞思想と現代」と題した本巻の解説で、積極的に考えてみたいのは、親鸞独自の信仰が当人に、どのような心境を開示していたかという問題である。言うなれば理性によって獲得された信仰生活が、当人の感性なり人間性なりを、どのように変えていったかという問題であって、私自身には、親鸞が理性から感性にいたったその心境から、学ぶべきところが多い。

説明のためには主として、本巻におさめた「浄土三経往生文類」をもちいる。親鸞が八十三歳のころから繰り返し書いて同行たちに与えていたこの小論には、三種の浄土経典による往生の相違があざやかに対比されていて、そこから、本願他力の念仏者の心境が、ごく判りやすく推察できるからである。

親鸞によれば、まず極楽浄土には真実報土と方便化土の区別がある。真実報土とは、法蔵菩薩が四十八の誓願を立てたあと、ひたすら清浄真実心を捧げて実現のために修行したまい、その真実の果報として建設したもうた仏国土という意味である。阿弥陀仏はいま現にそこにおわしまして、本願他力の念仏者のみをそこに化生せしめたまい、親しく教えを説いて成仏せしめたもうというのが、親鸞の信仰の核心である。

方便化土とは、『大経』に説かれてあるこの本願に拠らぬ、間違った念仏者を、いましめるために収めとりたもう仮りの浄土であって、疑城胎宮《ぎじょうたいぐう》と辺地懈慢《へんじけまん》界の二種類がある。

疑城胎宮とは、たとえて言えば真実報土が蓮の花の咲き開く世界であって、真実の念仏者が花の上に化生して阿弥陀仏にまみえられるのにたいし、蓮の花がいまだ閉じている世界である。そして、『阿弥陀経』（以下『小経』と略称）に拠る間違った念仏者は、そこに往生せしめられ、蓮の蕾に似た七宝の宮殿の中に五百年間閉じこめられ、弥陀に会えないというのが親鸞の主張である。

辺地懈慢界というのは、その蓮の蕾さえもが生い出ていないはるかな辺境である。そして『観無量寿経』（以下『観経』と略称）に拠る間違った浄土教徒は、この辺境に往生せしめられるというのが親鸞の主張である。

右の『大経』、『小経』、『観経』の三部は古来、すべての浄土教徒がよるべき経典であるとされてきた。その「浄土三部経」に説かれている往生浄土のための修行の果報に、このような差異を判定したのは親鸞の独創であるとされる。くわしく表示すれば、

観経—第十九願—諸行往生—双樹林下往生—辺地懈慢界
小経—第二十願—自力念仏往生—難思往生—疑城胎宮
大経—第十八願—他力念仏往生—難思議往生—真実報土

となっている。御覧のように、『観経』に拠るというのは、第十九願に拠ることでもあって、この経と願にしたがい、念仏以外にもさまざまな行をおこなって（諸行往生）、その功徳でもって往

生浄土を期することである。親鸞はこれを善導にならって「双樹林下往生」と命名し、行き先は辺地懈慢界であると断定するのである。

『小経』に拠るというのは、第二十願に拠ることでもあって、この経と願にしたがい、自力の念仏行にはげんで、その功徳でもって往生浄土を期することである。親鸞はこれを同じく善導にしたがって「難思往生」と命名し、行き先は疑城胎宮であると断定するのである。

本願他力の念仏者の心境を推察しようとしている今は、右の二経と二願についての、くだくだしい説明ははぶく。まず諸行往生と言われているものの意味から考えてみたいのだが、私がこの言葉から一例として連想するのは、親鸞自身が法然に会う前に、比叡山で行じていたと思われる常行三昧行《じょうぎょうざんまいぎょう》である。

これは常行堂と呼ばれる、中央に阿弥陀仏ないしは阿弥陀三尊を祀る堂に九十日間籠って、四方の回廊を右まわりに、不眠不休で念仏をとなえながら歩きつづける行法である。くわしくは第四巻の解説で説明するが、「常に行じて三昧にいたる」というのは、このように、尋常の体力や精神力や求道心をもってしては、とても完遂できない荒行である。

いまここで強調したいのは、二十年にわたる山中生活において、浄土教に関係のあるこの行を、おそらく幾度もおこなっていたにちがいない親鸞自身が、みずからこの行を否定しさっていることである。このように自力の苦行をおこないつつ念仏したところで、辺地懈慢界に往生せしめられるのみであると親鸞は言う。私はさきほどこの仮りの浄土を、蓮の蕾さえも生いでておらぬ辺境にたとえた。いまは「懈慢《けまん》」の二字に注目していただく。常行三昧行とは、これ以上のものはほとんどありえない勤勉な修行である。行者は一日目で疲労困憊しきり、ふらつく五体を諸方に打ちつけて血まみれになりながら、這ってでも前進をつづけると言われる。親鸞はこういう行を、怠惰（＝懈）であるとして否定しているのである。常行三昧行はまた、かかる念仏行によって、行者を仏教本来の無我（三昧）の境地にいたらしめるためのものでもある。ひたすら精神を統一して念仏をとなえつづける行者は、「我れも仏もない」境地にいたっているはずである。自我が否定されきった謙虚なその境地を、親鸞は傲慢（＝慢）であるとして否定しているのである。この世において、このように怠惰で傲慢な念仏者が、死後に当然の果報として、辺地懈慢界に往生せしめられるのみであると親鸞は言う。

この怠惰と傲慢とは、常識的な意味をふくんでいない。常行三昧行のみならず、『観経』では定善・散善とまとめられているすべての往生浄土のための修行が、実態においては勤勉で謙虚なものである。それらの行を望む者はしかし、まず第一に、弥陀の本願ひとすじに帰依していないという意味で怠惰であり、みずからの献身を功徳として、その果報でもって往生浄土を期待しているがゆえに、傲慢であると親鸞は断定するのである。

親鸞は比叡山において、定善・散善の諸行も修めていたにちがいない。それによって往生浄土の確信をえられず、法然に会って、弥陀の本願にこめられている大乗の慈悲を聞き知った時に、親鸞はおそらく、かつての自分は、自分だけの往生浄土を希求していたという意味でも、自己自身の怠惰と傲慢を思い知らされたのである。阿弥陀仏は一切衆生の救済のために献身したもうた。その行為に照らされて、一身の往生浄土を願う者は、おのれの怠惰を自覚せしめられるのである。阿弥陀仏はしかも、一切衆生を収めとる極楽浄土を建設できなければ、自分は衆生とともに永劫無限に生死流転をつづけるとも誓っておられた。この誓いに照らされて、一身の往生浄土を願う者は、おのれの傲慢を自覚せしめられるのである。ここでは説明をはぶくが、「浄土三経往生文類」にも引用されている第二十二の「還相廻向の願」の背後には、こういう自覚が秘められている。

往生浄土のための、念仏以外の諸行はこのようにして捨てられる。しかしながら、人間がおこなう「万善諸行の少善をさてお」いて、あらゆる善と徳との根本である名号をえらんで称える者たちにも、その心境には相違がある。

『小経』に拠る念仏者の姿は、この経の中に次のように説かれている(岩波文庫版『浄土三部経』下、九三頁)。

舎利弗よ、もし善男子と善女人ありて、阿弥陀仏の名号を説くことを聞き、その名号を執持するに、もしは一日、もしは二日、もしは三日、もしは四日、もしは五日、もしは六日、もしは七日の間、一心不乱ならば、その人命終る時に臨んで、阿弥陀仏は、もろもろの聖衆《しょうじゅ》とともに、その前に現前したもう。この人命終る時、心、顚倒せず、命終りてすなわち阿弥陀仏の極楽国土に往生することをえん。

また「浄土三経往生文類」にも引用されている第二十願の読み下し文は次のとおりである。(同、上、一三六頁)

たとい、われ仏となるをえんとき、十方の衆生、わが名号を聞きて、念《おもい》をわが国に掛け、さらにもろもろの徳本を植えて、それらを至心に廻向《えこう》して、わが国に生れんと欲《おも》わんに、この願い果遂《かすい》せずんば、正覚をとらじ。

第二十願にはさきに示した第十八願と同様、親鸞独自の解釈があるので、私はここでは、文法どおりの読み下し文を引用する。御覧のように、この経と願との間には異同がある。とても単純に同一視できないのであるが、私は親鸞にしたがって相違のほうを無視する。親鸞において問題となっているのは、私が傍点をふった「一心不乱に」と「もろもろの徳本(人間の徳の根本、すなわち定善・教善の諸行をさす場合と、万徳の根本としての名号をさす場合とがあり、親鸞は後者の意味にとる)を植えて、それらを至心に廻向して」の二箇所である。

この二箇所から浮かびでてくるのは、親鸞の師法然のように真摯な念仏者の姿である。法然は実際に、一日に七万遍もの念仏をとなえつづけていたと言われる。法然はしかも持戒の清僧であった。そのように「もろもろの徳を植えつつ」、「一心不乱に」念仏して、このような自力善行の念仏を廻向して往生を期する者を、

しかりといえども定散自力の行人は、不可思議の仏智を疑惑して信受せず、如来の尊号をおのれが善根として、みずから浄土に廻向して果遂のちかい(第二十願)をたのむ、不可思議

の名号を称念しながら、不可称不可説不可思議の大悲の誓願をうたがふ、そのつみふかくおもくして、七宝の牢獄にいましめられて、いのち五百歳のあいだ自在なることあたはず、三宝をみたてまつらず、つかへたてまつることとなしと、如来はときたまへり。

と、親鸞は否定しさる。訳は本文（二一〇頁）を見ていただくが、私はこのような断定に、親鸞の確信を見る。釈尊ないし弥陀は、さきに引用した『小経』でも第二十願でも、このように説いてはいないのである。しかし親鸞にとっては、『小経』も第二十願も、仮りの教えでしかない。いったんはそれらを信じた者に、誤りを自覚せしめて本願他力の念仏にいたらしめる、方便の経であり誓願にすぎなかったのである。親鸞自身がかつて法然とともに、一心不乱の念仏をとなえて至心に廻向した（と錯覚していた）ことがあり、のちにそれが仏智疑惑の行為であり、当然の報いとして、疑城胎宮に閉じこめられると自覚せしめられたのである。

親鸞にはつねに阿弥陀仏の清浄真実心と、衆生の濁悪邪見心《じょくあくじゃけんしん》（悪に濁り邪《よこし》まな見解にみちた心）との対比がある。親鸞の信仰は、論理的には、この二項関係ですべて解けてしまうと言っても過言ではない。たとえば濁悪邪見心の持主が一心不乱になりうるはずはなく、なったところで濁悪邪見心そのものでしかない。そのような者が念仏を弥陀にむかって「至心に廻向」することは、論理的にもありえないのである。それは親鸞が「愚禿鈔」に引く善導の指摘のように、「毒まじりの善行」でしかない。

至心は、真実とまふすなり。真実とまふすは、如来の御《おん》ちかひの真実なるを至心とまふすなり。煩悩具足の衆生は、もとより真実の心なし、清浄の心なし、濁悪邪見のゆへなり。

これは本巻におさめた「尊号真像銘文」の冒頭の、親鸞自身が弥陀の本願を逐語訳している文中にある言葉である。これが親鸞の信仰の核心であって、私たちに至心がありえない以上は、念仏行を私たちの善行と思いなして弥陀に廻向することはもとよりありえない。親鸞はのちにこの「至心廻向」を、「至心に廻向したまえり」と読むようになる。阿弥陀仏が私たちに、「南無阿弥陀仏」という名号を、おんみずからの清浄真実心を籠めて廻向しておられ、これを称えて真実報土へこいと、命じておられるという意味である。

親鸞はどうしてこのように、「よきひと」法然からかけ離れた、独自の信心を獲得していったのだろう？　越後流罪から関東布教へ、そして帰京後の孤独な沈思へと、真摯な求道の生涯が想われるのだが、濁悪邪見心の持主はおのれの生涯を無意味とみなして、独自の信心獲得の過程についても、何事も語ろうとしなかった。親鸞は弥陀の本願の真実についてのみ語ろうとしたのであるが、独自の信心獲得のありさまは、推論によって追求できるものでもある。たとえばこの節の冒頭に一般的な訳文を示した弥陀の本願も、親鸞自身の推論によれば、文法を度外視して、次のように訳した上で拝受しなければならない。私自身、はじめてこのように訳するのだが、

私が阿弥陀仏と成った時は、全宇宙の生きとし生けるものよ、私がまごころを籠めて差しだす名号を喜んで受けとれ、私が造った真実報土に生まれようと願え、一度でも十度でも「南無阿弥陀仏」ととなえよ、にもかかわらず生まれることができなければ、私は仏に成らない。

ただ五種類の重罪を犯すことと私の教えを誹謗することとは厳につつしまなければならぬ。

親鸞の信心とは、このように誓いたもうた法蔵菩薩が、すでに十劫の昔に阿弥陀仏と成りたもうたという一事につきる。だからこそ第十七願に誓われてあるように（本文一〇三頁以下）、全宇宙の諸仏もすべてこの仏を讃嘆して、「南無阿弥陀仏」と称えておられる。諸仏とともに念仏するのが、私たちの念仏行である。それに拠って真実報土に収めとられれば、私たちは第十一願に誓われてあるように（同一〇六頁）、かならず悟りを開くという証を得るのである。

弥陀の本願は親鸞にとっては、右に訳したように勅命であった。いや、はじめて法然から本願の教えを受けて帰依したあとで、本願は親鸞にたいしては、しだいに勅命に変質し、帰結して聞こえてきたというほうが正確だろう。何時そのように聞法が固まったかは不明であるが、本願勅命拝受というのが、親鸞独自の信心の心境であった。親鸞はさきの「浄土三経往生文類」の引用文の直後で、『小経』ないし第二十願に帰依する者は、

しかれども如来の尊号を称念するゆへに胎宮にとどまる。徳号によるがゆへに難思往生とまふすなり。不可思議の誓願、疑惑するつみによりて難思議往生とはまふさずとしるべきなり。

と書いている。自力念仏往生と他力念仏往生とは、「難思往生」と「難思議往生」と一字の差ではある。しかし親鸞が「議」の一字に籠めている思いは強い。親鸞は本文に、「いずくんぞ思議すべきや」で終わる曇鸞の浄土讃嘆の文章をいくつか引用している。「難思議往生」も善導にならった用語であるが、もとは親鸞が強い影響を受けていたこの曇鸞の、『浄土論註』にちなんで

いる。

親鸞にとって弥陀の本願は、曇鸞と同様に、人間の思議の及びがたい勅命である。濁悪邪見の者に清浄真実心の行ないは、もとより思議の及びがたい事柄である。だから親鸞にとっての勅命拝受は、無条件絶対の服従であった。本願にたいする疑惑は、この意味でかき消えてしまっている。

さて、親鸞が右のように浄土三経による往生を峻別したのは、単に死後の事のみを問題にしているからではない。親鸞は実は私たちに、右のような意味での、懈、慢、疑を捨てさった心境においで念仏せよと、懇切に薦めているのである。それは、本願拝受によって生まれでるその心境こそが、飢饉と戦乱のうちつづいた五濁の悪世を、心身ともに常人以上に健全に、安心して生きることができた親鸞の、その安心（信心）の内容であるからである。「親鸞は弟子一人ももたず候」（『歎異抄』第六条）。この言葉を思いあわせれば、親鸞は人びとを、つねに自分と同一平等の安心の境地に導こうとしていたのである。

目下の私はその心境を、論理的にしか説明できない。しかしながら親鸞の安心は、何ら選良者的なものではない。シャーマンのように特異な霊能者だけが得られる、特権的なものではないのである。それは本願の独自の解釈から論理的に帰結するものであるゆえに、万人が共有できる安心である。真宗信仰は、聖と俗を区別しないという意味でも平等思想である。

しかも弥陀の本願が、大乗仏教の平等思想の極致であることはすでに説明した。親鸞が関東の諸方に開設した念仏道場は、聞法を求めるいかなる愚痴無知の悪人にも開放されていた。

親鸞の理性的な信仰はまた、現世利益信仰の迷信と無縁なものであった。それは弥陀の本願が、御覧のように私たちに、往生浄土のみを薦めているからである。親鸞の信仰とは、その弥陀一仏のみに帰依することである。それは信仰によって現世利益をもたらすとかいう、他のいっさいの神仏に帰依しないということである。本願他力の念仏者はそれゆえに、自分の精神が、おろかしい迷信のタブーによって拘束されることも、脅かされることもない。第五巻の解説でも言及したことであるが、真宗寺院のたたずまいには、迷信に汚染されぬ者のすがすがしさがただよっている。

本願他力の念仏者は迷信から自由である。と同時に、現世のいかなる権威からも権力からも自由である。無限の彼方から廻向されている弥陀の本願にのみ絶対服従するということは、地上の何ものにも服従しないということである。この念仏者は、『観経』ないし第十九願を捨てているゆえに、いかなる仏道修行にも服従しないという意味でも自由である（無戒律主義）。しかもこの念仏者は、『小経』ないし第二十願を捨てているゆえに、念仏行にすら拘束されないのである。弥陀の本願を拝受した者は、ただ一度の念仏によっても報土往生を約束されている。この念仏者は、念仏行にすら拘束されないという意味で、絶対の自由の心境を獲得する。

べつの角度から言えば、国家・社会・企業・家族といった、それぞれに忠誠を要求している地上の権威や権力は、すべて濁悪邪見心の結合にすぎない。それはもともと真実に献身しようとする者の、献身の対象になりえない虚仮なるものである。真実依存しようとしても、依存できるはずがないものでもある。この角度から見るなら、本願他力の念仏者は、信心を獲得したことによって自由に成るのではない。自分がもともと、地上に依存し束縛される何ものもほんとうには持っておらぬ、自由の身であったことを発見するのである。

親鸞は独自の信心の確立によって、このような意味で平等主義・合理主義・自由主義精神の持主となった。目下の私はこの信仰者の心境を、論理的にしか説明できない。親鸞自身は、理性によってこのように万人に望ましい信仰にいたり、その上で、自由にして平等なる心境を充実させていったのである。私は親鸞の求道について語る第四巻の解説では、いささか具体的にその心境に立ち入ってみたいのであるが、この自由な布教者の心境は、「薗林《おんりん》遊《ゆ》化《げ》地《じ》門」という言葉が暗示していると思われる。

語　註（ゴチック数字は本文の頁を示す）

浄土文類聚鈔

七　**愚禿**　髪を剃って出家者の姿をしてはいるが、戒を破り教えをまもらない愚かな者、という意味。親鸞がみずから選んだ称号である。

八　**西蕃**　インドのこと。

小乗　乗はのりものという意味で、人びとをのせて悟りにみちびく教えのこと。自己の悟りのみを求めることを小さな乗り物にたとえたもの。

九　**往相**　往相廻向のこと。阿弥陀仏の本願の力によって浄土へ往生し悟りをひらくこと。

還相　還相廻向のこと。浄土へ往生した者が、阿弥陀仏の本願の力で再びこの世に還って衆生を教化し救うこと。

乃至一念せん　一念は信心とも念仏とも解釈される。ここでは信心の意味とした。

一〇　**龍樹菩薩**　（一五〇―二五〇）南インドの人。出家して小乗仏教を学んだが、後にヒマラヤ山に入って老比丘から大乗経を教えられたという。後に大乗経典の注釈書を多数著して大乗思想を宣揚した。真宗七祖の第一祖。

天親菩薩　一般に世親という。五世紀初頭頃北インドに生まれる。兄の無著の教えによって大乗教に帰し、大小乗にわたって論書の著述が多いので、世に千部の論主という。『無量寿経優婆提舎願生偈』（『浄土論』）は浄土門において特に尊重されるところである。真宗七祖の第二祖。

尽十方無礙光如来　阿弥陀仏のこと。何ものもさまたげることができない光明の功徳をもって仏の名としたもの。六字名号に対して十字名号と言う。

帰命　一般には「帰依」の意味であるが、親鸞には阿弥陀仏の本願に「勅命として服従する」ことであるという独自の解釈がある。

一三　**如来会**　『大無量寿経』の別訳。詳しくは『無量寿如来会』という。

一四　**五種の悪道**　原文は五悪趣。苦しみに満ちた五つの世界のことで、五道ともいう。地獄・餓鬼・畜生・阿修羅・人をさす。

一六　**普賢菩薩の徳**　普賢菩薩は釈尊の脇士で、文殊菩薩の智に対して慈悲を司る菩薩とされる。このことから、すべての衆生を救おうとする働きを普賢の徳という。親鸞は、還相廻向によって衆生を教化し救うことを普賢の徳とした。

提婆達多　釈尊の従兄。出家して仏弟子となったが後に釈尊にそむき、五百人の弟子を率いて伽耶山に住み、阿闍世王をそそのかして父王を殺して王位につけ、さらに釈尊にかわって教団の指導者となろうとしたがかえって破門された。その後釈尊の殺害さえ企てたが失敗して悶死したとされる。

阿闍世王　マガタ国頻婆娑羅王の子。提婆達多にそそのかされて父を殺し王位につく。のち釈尊に罪を懺悔し仏教の信者となり、釈尊の滅後仏教教団の大保護者となった。

頻婆娑羅王　釈尊と同時代のマガタ国の王。夫人とともに深く釈尊に帰依した。晩年阿闍世王に王位を奪われ、獄中で死亡した。

韋提希夫人　頻婆娑羅王の后。阿闍世王の母。阿闍世王によって幽閉され、苦悩の中で釈尊を念じ説法を願った。この時『観無量寿経』が説かれた。

一九　**五劫**　劫とは長大な時間を表わす。

二一　**楞伽山**　インドの南海にある山。同地方の摩羅耶山頂にある城の名ともいう。

二二　**曇鸞大師**　（四七六—五四二）北魏時代の人。雁門に生れ、五台山で出家して四論を学び、のち陶弘景から仙経を得ての帰途、菩提流支に会って『観無量寿経』を授かったので仙経を焼きすてて浄土教に帰した。魏王の尊崇をうけ、大厳寺、玄中寺等に住した。著書に『浄土論註』二巻等がある。真宗七祖の第三祖。

菩提流支三蔵　北インドから五〇八年に洛陽に

来る。北魏時代の代表的経典漢訳者。天親菩薩の『浄土論』を漢訳し、曇鸞に『観無量寿経』を授けた。

仙経　不老長寿を説く道教の経典のこと。曇鸞は仏教を学ぶために不老長寿を身につけようと考え陶弘景から道教を学んだ。ところが菩提流支から永遠の命を得る『観経』を与えられ、即座に仙経を捨て浄土教に帰入したとされる。

二四　道綽　（五六二―六四五）涅槃宗の学匠であったが、玄中寺の曇鸞の碑文を読んで浄土教に帰した。『安楽集』二巻を著わす。真宗七祖の第四祖。

三不信三信　三不信とは、信心があつくない（不淳）・純粋でない（不一）・信心が続かない（不相続）のこと。三信はその逆で淳一相続の信心のこと。

善導和尚　（六一三―六八一）阿弥陀仏の極楽浄土の図をみて浄土教に帰した。のちに道綽に教えを受け中国浄土教を大成した。『観無量寿経疏』四巻『往生礼讃』一巻『観念法門』一巻『法事讃』一巻『般舟讃』一巻を著わす。真宗七祖の第五祖。

二五　源信僧都　（九四二―一〇一七）比叡山の横川楞厳院に住した。『往生要集』は天台の観念念仏と善導系の称名念仏を説いた浄土教の聖典で、後世浄土教の祖と言われる。末法思想によって人心の動揺している社会に浄土思想を普及し鎌倉新仏教に大きな影響を与えた。真宗七祖の第六祖。

専修念仏　阿弥陀仏の本願に順じてただ念仏の一行のみを修すること。

報土・化土　浄土は、報土と化土に大別され、弥陀の本願の他力の信心を頂戴したものだけが真実報土に迎えられるとされる。化土は、疑城胎宮と辺地懈慢に二分されていて、前者には、念仏が自分の弥陀に対する廻向であるとする、まちがった自力の念仏者が迎えられ、後者には、聖道門と総称される自力の仏道修行者が浄土を願って迎えられる。たとえていえば、報土は蓮の花が開いているところである。疑城胎宮はつぼみのままの辺境であって、自力の念仏行者は、そのつぼみのなかに、五百年間とじこめられる。辺地懈慢土は、そのつぼみさえも出ていない、さらにはるかな辺境である。

源空聖人　法然上人のこと。法然は房号で源空は名前。真宗七祖の第七祖。

三五　六種の神通力　天眼通（通常人の眼に見えぬものを見る働き）。天耳通（通常人の聞き得ない音声を聞く働き）。他心通（他人の心の動きを知る働き）。宿命通（過去の出来事を知る働き）。神足通（どこにでも自由に往来できる働き）。漏尽通（一切の煩悩を自在に滅し尽くす働き）。の六つの働きのこと。

愚禿鈔

四一　賢者　高徳の人のこと。ここでは法然をさす。

愚禿　親鸞自身のこと。（七頁註参照）

四三　胎宮　仏の智慧を疑うものは浄土に生まれても、母胎の中にいるように蓮華の中につつまれて五百年をむなしくすごし、仏法僧の三宝を見聞できず、衆生を利益することもできない。疑惑のものがとどまるところであるから、疑城ともいう。

辺地　阿弥陀仏の浄土の辺隅にある国土をいう。他力念仏の教を聞きながらも、これを疑い自力の心をもって念仏を称える者の往生する世界。

懈慢　懈慢界の略。専心に念仏せず、時々自力の心を起こして念仏をなまけ、諸行を修する者の生まれる世界のこと。

位　原文では

初果　預流向、
第二果　一来向、
第三果　不還向、
第四果　阿羅漢向、八輩也

とある。初果とは、三界（欲界・色界・無色界）の見惑を断じて聖者の流れに入った位をいう。この果に向って修行している間を預流向という。第二果とは、現象的な事物に執われる（修惑）九種類の迷いの内、六種類を断じて天上界に生まれるが、残り三種の迷いのために再び人間の世界に来て悟りをひらく位をいう。その果に向っている間を一来向という。第三果とは、第二果で残っていた三種の迷いを断じ尽して、再び人間の世界に還らない位をいう。それに向っている間を不還向という。第四果とは、見惑・修惑の煩悩のすべてを断じつくして流転しない位を四果という。この果に向っている間を阿羅漢向という。

四十八願　阿弥陀仏の誓願。法蔵菩薩という名の仏道修行者のときに、四十八のちかいをたて、そのすべてが成就しなければ、自分はたとえ仏になることができるとしても仏にはならず、一切衆生とともに生死の世界をまよい続けようと誓った。法蔵菩薩は五劫にわたる思索と永劫の修行のはてに、すべてを成就し阿弥陀仏となった。

四四　**弥勒菩薩**　現在は菩薩のままその浄土の兜率《とそつ》天で天人のために説法しているが、釈尊に予言されて五十六億七千万年の後この世に下生して、龍華樹の下で成仏し説法するとされる。釈尊のつぎにこの世に生まれる未来仏である。

阿難尊者　釈尊十大弟子の一人で釈尊の従弟。出家して釈尊常随の弟子となり、釈尊の教説を記憶している点では弟子中随一であることから多聞第一と言われた。

韋提希夫人　『観経』には、韋提希が釈尊によって見せられた種々の浄土の中から、阿弥陀仏の浄土を選んで往生したいと願い、滅法の衆生はどのようにすれば浄土を見ることができるかと質問した、と説かれている。（一六頁註参照）

四六　**双樹林下往生**　『観経』に説かれるような、種々の修行による往生のこと。親鸞は自力諸行によるから辺地・懈慢界にしか往生できないとする。（四三頁辺地・懈慢の註参照）双樹林とは、沙羅《さら》双樹《そうじゅ》の林のことで、釈尊が亡くなる時、クシナガラ城外の双樹林であったことになぞらえたものである。

難思往生　『小経』に説かれる自力念仏による往生のこと。念仏によるけれども自力で称えるから難思議往生ではなく難思往生とし、疑城胎宮への往生とする。（四三頁胎宮の註参照）

四八　**浄土の要門**　『観経』に説かれる、自力修行によって往生しようとすることをさす。要門とは、善導の言葉であり、親鸞はそれを他力念仏に帰するための肝要の門の意味とした。

四九　**九品**　浄土に生まれるための原因として修める善の種類によって、往生にも九種の段階がある。そのような往生を九品往生という。

横竪対　本来横は浄土門、竪は聖道門をさすのであるが、ここでは他力念仏を横とし、浄土要門がそれに対すれば、段階を経て真実報土に往生することから竪と言われている。

自説不説対　阿弥陀仏の自説とは『般舟三昧経』に跋陀和《ばっだわ》菩薩の問いに対して阿弥陀仏が「私の浄土に生まれたいならば、私の名を称えよ」と答えられたことをいう。本来報身仏の弥陀は説法しない。それがとくに念仏を説かれたとあることからこの対比が設けられた。

五三　**辟支**　縁覚・独覚のこと。声聞と並べて辟支が記されるのは理由のないことで、従来より意味不明とされている。

十悪　殺生、盗み、姦淫、嘘をつく、二枚舌、悪口、美辞麗句、むさぼり、いかり、愚痴の十種の悪のこと。

四種の重い禁制　十悪の中の最も重いとされる四つの悪のことで、殺生、盗み、姦淫、嘘をつくの四つをいう。

五逆　最も重い五つの罪で、父を殺す、母を殺す、阿羅漢を殺す、僧の和合を破る、仏身より血を流すの五つをいう。

五四　**尽十方無碍光如来**　（一〇頁註参照）

仏説無量寿経　『大経』の正式の呼び名。

康僧鎧　二五二年に洛陽に来て白馬寺に住む。『大無量寿経』などを漢訳した。

五五　**菩提流支三蔵**　（二三頁註参照）

帛延三蔵　唐代の『開元釈教録』以前の経典目録では、『無量清浄平等覚経』の漢訳者とされている。現在は、後漢の支婁迦讖《しるかせん》の訳とされる。

支謙三蔵　中央アジア大月氏の人。六ケ国語に通じた中国初期仏教の経典漢訳僧。

千年間　正法千年のこと。正像末三時の年数については種々の説がある。今は、正法千年説でそれ以後すぐに仏教がなくなる訳ではないが、悟りを得るものが無いことを経典が滅すると説くのである。

五六　**元照律師**　（一〇四八―一一一六）中国宋代の律僧。晩年病にかかり浄土教に帰依した。著書に『観無量寿経疏』三巻、『阿弥陀経義疏』一巻などがある。

五七　**このゆえに**　親鸞は「是の故に」を上に続く言葉として読んでいるが、原文はそうではない。親鸞の読み方では意味が通らないので、この部分は元照の原文に依った。

五九　**上品上生**　九品往生の内最上の往生。戒律を守り大乗の仏道修行をする者の往生の位。
六五　**自力の信心**　原文は自利信心である。自利は自力とする解釈と自身を信ずることとする二つの解釈がある。ここでは自力の意味とした。
六六　**第六には**　善導の『観経疏』の本文にある「深信せよ」とあるのを順番に並べたものであって、第三の深信と意味は同じである。これ以後の分類と説明も『観経疏』の本文中の言葉に従って順に整理したもので体系的な分類ではない。
第五の　原文には肩に「利他信心」と朱筆の註がある。これ以後七ヶ所ある。この註が誰れによって記されたか不明であるから、すべてを省略した。
六九　**一つの問答**　この問答は、念仏では往生できないと色々の人や菩薩が論難をしかけるのに対して、それらをどのように論破すればよいかという問答である。四別四信は、念仏往生の正しさを証明する根拠を示している。
七一　**三つの所**　所説・所讃・所証の三つをいう。
七三　**真門**　名号の真実を明かして他力弘願にみちびくてだてとする法門。『阿弥陀経』に説かれる第二十願の立場をさす。自力の念仏によって往生しようとするものは、法は真であるが機は実ではない。故に真実と言わず単に真門という。一向専修の念仏というのも、一心不乱の念仏で自力で励む念仏である。
七四　**日想**　日没を観じて西方極楽を想うこと。
水想　水と氷を観じて極楽の瑠璃の大地を想うこと。
地想　水想観を成就して極楽の大地を見ること。
宝樹想　極楽の七重の宝樹を観ずること。
宝地　八功徳水をたたえる八つの宝池を観ずること。
宝楼　極楽にある五百億の楼閣を観ずること。
華座　阿弥陀仏を観想するのに先だって、本願力で成就された華座を観ずること。
像想　阿弥陀仏を観想するのに先だって、その尊像を観想し一仏二菩薩の像が満ち満ちているのを見ること。
真観　阿弥陀仏の真の相好と八万四千の光明が十方を照らして念仏の衆生を摂め取るさまを観ず

ること。

観音　阿弥陀仏の脇士である観音菩薩を観ずること。

勢至　勢至菩薩を観ずること。

普観　浄土の依正を観ずるもので、自身が往生して蓮華に端坐するさまを観ずること。

雑観　一丈六尺の仏像を観ずるもので、心力がおよばず先の観のできない凡夫でも、如来の宿願力によって弥陀・観音・勢至が大身・小身を現じてすべての者を教化するすがたを観ずること。

十善行　身・口・意に関する十種の特に顕著な善行為。すなわち、(1)生きものを殺さない（不殺生）、(2)盗みをしない（不偸盗）、(3)よこしまな男女関係を結ばない（不邪婬）、(4)うそをいわない（不妄語）、(5)二枚舌を使わない（不両舌）、(6)わるくちをいわない（不悪口）、(7)へつらいごとをいわない（不綺語）、(8)むさぼらない（不貪欲）、(9)腹をたてない（不瞋恚）、(10)よこしまな考えをもたない（不邪見）、をいう。

七五　**浄土の要門**　（四八頁註参照）

七七　**十悪**　（五三頁註参照）

五逆　（五三頁註参照）

四重　（五三頁四種の重い禁制の註参照）

七七　**六つの譬**　罪業の多い人間が、念仏の功徳ぐらいで往生できる筈がないという疑いに対して、現実の地・水・火等の働きを譬えとしてあげ、縁のある法であれば必ず無上の功徳のあることを明らかにしようとするものである。

八〇　**人身そのもの**　原文は、六根・六識・六塵・五陰《おん》・四大である。いづれも人間の構成要素を言う。

八一　**白とは**　ここでは白道を自力小善のたとえとしているが、『教行信証』では「選択摂取の白業、往相回向の浄業」のたとえとしている。おそらく『教行信証』が親鸞の正意であろうと思われ、『愚禿鈔』の解釈の真意は従来より不明とされている。

四大　地・水・火・風の四元素のこと。

五陰　色・受・相・行・識の五つ。すなわち物と心。

八五　**即往生**　他力の信心を得る一念に、時を隔てずただちに往生することに定まること。

便往生　自力の行者が、臨終の時仏の来迎をうけてただちに化土に往生することをいう。

入出二門偈頌

八九 **菩提留支**　菩提流支に同じ。（二二三頁註参照）

優婆提舎願生偈　一巻。天親の著。北魏の菩提流支の訳。詳しくは『無量寿経優婆提舎願生偈』という。浄土三部経により、またとりわけ『大無量寿経』によって阿弥陀仏とその浄土を讃えた書。

真実の功徳　阿弥陀仏の本願によって成就された南無阿弥陀仏の名号のこと。

九〇 **論註の五には…**　曇鸞が著わした『浄土論註』に、衆生多少・業力・龍力・禅定力・仏法力の五種不可思議を説く中、第五の仏法力不可思議（仏法によりさとりを得ること）が最も不思議であるとする。

法蔵菩薩の大願業力　すべての衆生を救おうという法蔵菩薩の誓願の大いなる働き。

女人　阿弥陀仏の浄土には女性のままでは生まれないと言われている。

声聞　釈尊の音声を聞いた仏弟子のことであるが、大乗仏教では、自身のみ阿羅漢となることを理想とする低い仏道修行者をいう。

縁覚　師につかないで一人で悟る者のこと。

九一 **化生**　浄土の聖者は、すべて法蔵菩薩がひらかれた悟りの華から生まれるということ。

九種の品　（四九頁九品の註参照）

法蔵菩薩の五種類の法門　法蔵菩薩の永劫の修行を示す。天親の『浄土論』に、願生者は礼拝・讃歎・作願・観察・廻向の五念門の行を修しなければならないと説く。曇鸞はこれを註釈して、願生者の五念門行の本源が阿弥陀仏の利他のはたらき（本願力）によることを示すものと見たが、親鸞はさらに一歩をすすめて、法蔵菩薩の修行内容こそが、まさしく五念門の行であったとする。

九三 **禅定**　原文は奢摩他である。漢語に訳して禅定という。迷いを断ち、感情をしずめ心を明らかにして、真実の理法を体得すること。

九四 **応化身**　教化すべき相手に応じてさまざまに姿をかえてあらわれる仏身。

神通　（三五頁六種の神通の註参照）

薗林遊戯地門　迷いの世界で衆生を救うための

働きが遊びのようにらくらくとできること。廻向門の果。

九五 **自利と利他** 自利とは自身の悟りを得ること。利他とは他人を悟りに導くこと。この自利利他が円満して仏となることができるとされる。

五念 （九一頁、法蔵菩薩の五種類の法門の註参照）

利他・他利 曇鸞の説明によると、利他とは他人を利益しようという如来の本願を表わす言葉であり、他利とは、仏に利益を与えてもらう衆生の気持ちを表わすものとする。

九六 **如実修行相応** 阿弥陀仏の説かれた正しい修行法に随っていること。

九七 **大集経** 六十巻。その内『月蔵分』には正像末の五五百年説と末法を説く。

五濁 悪世における汚れを五つに数えたもの。劫濁（時代的社会的な汚れ）・見濁（よこしまな思想・見解がはびこること）・煩悩濁（貪瞋痴などの煩悩がはびこること）・衆生濁（人間の果報が衰え資質が低下すること）・命濁（寿命がだんだん短くなること）の五つ。

三信 淳心・一心・想続心のこと。（二四頁三不信三信の註参照）

浄土三経往生文類

一〇三 **正定聚** 他力信心を得て、阿弥陀仏によって浄土往生が定まった位。

往相廻向 阿弥陀仏の本願の力によって浄土へ往生し悟りをひらくこと。

難思議往生 他力信心によって真実報土へ往生すること。阿弥陀仏の不可思議の願力による往生であることから難思議往生という。

一〇四 **恒河沙** 恒河とはガンジス河のこと、沙は砂で、数の多いことのたとえ。

五逆の大罪 （五三頁註参照）

一〇五 **私が真実心を** 原文は至心廻向願生彼国で、一般には、至心に廻向して彼の国に生まれんと願えば、と読まれ、人間が心から念仏の功徳を廻向して浄土に生まれようと願うという意味に理解する文章である。ところが親鸞は、「至心に廻向せしめたまえり、彼の国に生まれんと願えば」と読み、廻向が阿弥陀仏の衆生への廻向であると読み変えて、他力を表わす文章と理解した。

無間地獄　最も苦しい地獄で、銅が沸いて罪人を焚き殺す。五逆罪を犯した者、大乗の教えを謗った者が落ちるとされる。

一〇七　**邪聚**　邪定聚の略。邪とは本願（第十八願）にかなわないこと。本願を疑いどこまでも自力修行の功徳によってさとりをひらこうとする人びとのこと。

不定聚　不定とは、本願を信じきらないこと。自力修行によらないので邪ではないが、念仏を称える功徳によってさとりをひらこうとするために不定という。

一〇九　**化生**　真実報土に往生することを言う。化身土に往生することを胎生というのに対する言葉である。

淄水・澠水　中国山東省にある川の名。二つの河は分流していても、合流すれば一味となることをいう。

一一二　**出第五門**　『浄土論』に説く五功徳門（阿弥陀仏の浄土に生まれるための五種の行、すなわち五念門の結果として得られる徳）の一つ。悟りの世界から迷いの世界にかえって、自由自在に衆生を救うことをたのしみとすること。薗林遊戯地門という。

一一三　**定善・散善**　定善は、心を集中統一して修する善根をいい、散善は、日常の散り乱れた心のままで修する善根のこと。共に自力の修善方法である。

三福　幸福をもたらす三種の善行。世福（世間的道徳を守る）・戒福（仏の定めた生活軌範を守る）・行福（真実のさとりを願って大乗の諸善万行を修する）の三つをいう。

九品・九品往生　（四九頁註参照）

方便化土　他力の信心を得るに至らず、自力心の去りがたい者の往生する仮りの浄土をいう。

一一四　**大施品**　阿弥陀仏の因位を無諍念王とし、宝蔵如来のもとで発心修行したときの本願を説く。

阿耨多羅三藐三菩提　サンスクリット語の音写で、無上正遍智、無上正等覚と訳し、仏の智慧の徳をいう。

一一六　**斎**　身心をつつしみ、起居動作を清浄にすること。とくに食事のつつしみをいう。

一一七 **由旬**　距離の単位。いろいろの説があるが、十四・四キロメートルとされる。

月光摩尼　宝珠の名。八角形で月の光があたると水が流れ出るという。

持海輪宝　浄土にある宝の一つ。

一一八 **六根**　眼・耳・鼻・舌・身・意の六根。根は、感覚器官およびその機能をいう。

首楞厳院　比叡山横川にある。源信の住した所であることから、源信の呼称として使われる。

一一九 **閻浮提**　現実の人間世界のこと。

懈慢界　（四三頁懈慢の註参照）

一二〇 **不果遂者の真門**　自力念仏の者もついには他力に帰せしめて真実報土へ往生させようとする本願を「果遂の願」といい、その願に帰入したことをいう。

胎宮　（四三頁註参照）

一二一 **忉利天**　欲界に属する六天中の第二天。須弥山の頂上にあるといわれる。

一二二 **声聞**　（九〇頁註参照）

転輪聖王　正しい法で世界を統治するという伝説上の理想の帝王。

一二四 **結跏趺坐**　坐法の一つ。両膝を曲げて両足の裏を上向けにする坐り方。

如来二種廻向文

一三一 **補処の弥勒菩薩**　補処は一生補処ともいう。この一生をすぎれば、次の生で仏となる最高の菩薩の位のこと。弥勒菩薩は、（四四頁註参照）

出第五門　（一一一頁註参照）

尊号真像銘文

一三六 **正定聚の位**　（一〇三頁註参照）

聖覚法印　一一六七―一二三五。法然の高弟。法然教義の正統的理解者として当時の浄土教界に多くの思想的影響を与えた。『唯信鈔』を著わす。親鸞はこの書を何度も書写して東国の同朋に送った。

一三七 **弥陀の本願力**　すべての衆生を救おうという本願の働き。

一三八 **五つの悪なる世界**　五悪趣のこと。（一四頁五

種の悪道の註参照）

四生　生き物の生まれ方を四つに分類したもの。母胎より生まれる（胎生）、卵から生まれる（卵生）、湿気のあるところから生まれる（湿生）、過去からの業の力によって化成する（化生）の四つをいう。

一四〇　**業力**　阿弥陀仏の本願の大いなるはたらき。

大勢至菩薩　阿陀弥仏の脇士。観音菩薩が慈悲の働きをするのに対して、智慧の働きをする菩薩とされ、衆生に菩提心の種を与える働きをするともいわれる。

首楞厳経　『大仏頂如来密因修証了義諸菩薩万行首楞厳経』十巻。禅法の要義を説いた経典。親鸞はこの経によって『浄土和讃』の中に「勢至和讃」を作り、法然の本地としての勢至菩薩の徳を讃えている。

一四一　**五十二菩薩**　菩薩は五十二の階位に分けられる。すなわちすべての菩薩の意味。

恒河沙劫　恒河沙はガンジス河の砂のことで数の多いことのたとえ。劫は長時間のこと。

十二光仏　阿弥陀仏の功徳を十二の光で表わしたもの。

念仏三昧　三昧とは、心を集中することによって安定した状態に入ることである。念仏三昧とは、阿弥陀仏だけに心を集中して他に心を散らさず念仏すること。

一四三　**無生忍**　不生不滅の真理に安住すること。親鸞はこれを、生とか滅とかいうことを超越した浄土の往生を決定して、正定聚の位にはいった他力の念仏者をさす語とした。

一四七　**迦才**　善導と同時代の唐代浄土教の僧で、道綽の影響を受け『浄土論』三巻を著した。

一五三　**天魔波旬**　天魔は他化自在天子魔、すなわち三界の中の欲界の第六天に住み、衆生を害するもの。その首領である魔王（他化自在天王）を波旬という。

一六〇　**正・雑の二行**　阿弥陀仏にだけ帰依する正行と、その他の仏・菩薩に帰依する雑行との二つ。

助業　五正行の読誦、観察、礼拝、称名、讃歎供養の内称名を除いた四つを助業という。真宗では念仏を続けることを助ける業という意味に理解する。

正定の業 称名念仏のことで、往生が正しく定まる行であることから正定の業という。

一六一 **六道** 迷いの世界である地獄、餓鬼、畜生、修羅、人、天の六道

四生 （一三八頁註参照）

二十五有 欲界・色界・無色界の三界（迷いの世界）のさらに詳しい分類。

十二類生 四生にさらに有色・無色・有想・無想・非有色・非無色・非有想・非無相の八つを加えたもの、生物の生まれ方による分類。

一六二 **三祇・百大劫** 三祇は三阿僧祇劫《あそぎこう》のことで無数・無量のこと。菩薩は三祇の間理想の境地にいたるための修行をし、最後の百大劫において仏のそなえるうるわしい姿の因となる相好業につとめて成仏するという。

一六三 **止観は法華** 止観とは、心を定めて特定の対象に対し、正しい智慧をおこしてその対象を正しく観ること。天台ではこれを修行の中心とする。

一六七 **小聖** 小乗教によって修行する聖者。

闡提 仏となる因も縁も持たないもの。

一六八 五悪趣 （一四頁五種の悪道の註参照）

一念多念文意

一七五 **善知識** 正しい教えを説いて仏道に帰依させ、さとりを得させる人、または、仏道に帰依させる縁を結ばせるものをいう。

一七七 **無礙光仏** 阿弥陀仏のこと。（一〇頁尽十方無礙光如来の註参照）

一七八 **阿毗抜致・阿惟越致** 不退転のことで、菩薩の地位より退転しないという意味。必ず仏になる地位をいう。

竪の金剛心 自力の大菩提心のこと。菩提心とは、自らさとりに至り、他をさとらせようとする心で、その堅固なことを金剛にたとえていう。

一七九 **妙覚** 仏のさとりの位。

一八一 **天魔波旬** （一五三頁註参照）

一八二 **経** 旧訳の『華厳経』第六〇。そこに「此の法を聞いて歓喜し心に信じて疑い無き者は、速やかに無上道を成じ諸の如来と等し。」とある。

一八五 **易往・易行** 易往とは、だれでもがたやすく往生できること。易行とは、だれでもたやすく行ず

ることができる往生の行のこと。

一八七 **三途のすもり** 三途は地獄、餓鬼、畜生の三悪道のこと。すもりは「巣守り」であとにとり残される者の意。すなわち迷いの世から離れられない者のこと。

一八八 **吉日良辰** 日のよしあしを選ぶこと。

占相祭祀 占いをし、鬼神をまつること。

助業 （一六〇頁註参照）

一九〇 **定善十三観** 定善は、心を集中統一して修する善根をいう。十三観は、阿弥陀仏および浄土を観想する十三の方法。（七四頁日想以下の註参照）

浄土方便の要門 阿弥陀仏の他力に帰依させるために方便として説かれた仮りの自力修行のこと。

一九三 **水火二河のたとえ** 善導の「二河白道」のたとえのこと。むさぼりの心を水の河に、いかりの心を火の河にたとえたもの。この水火が一生の間かわるがわる身をせめると説かれている。

唯信鈔文意

二〇〇 **六根の証** 六根は眼耳鼻舌身意の六つの感覚器官とその能力のこと。六根の証とは、現実のこの身で悟りをひらくこと。

弥勒菩薩の下生 （四四頁註参照）

霊山 霊鷲山《りょうじゅせん》（耆《ぎ》闍崛山《しゃくつせん》）のこと。大無量寿経や法華経等が説かれた聖地。

補陀落 観世音菩薩の浄土。南海の中にあるといわれる。

三界 欲界・色界・無色界のことで迷いの世界のこと。

二〇一 **五戒** 在家の仏教信者の守るべき戒。㈠生きものを殺さない。㈡盗みをしない。㈢邪淫を犯さない。㈣嘘を言わない。㈤酒を飲まない。の五つ。

八戒 八斎戒のことで、在家の信者が一日一夜の期限を決めて、出家と同様に身心を清らかに保って慎み守る戒しめ。㈠生きものを殺さない。㈡盗みをしない。㈢夫婦の交わりを絶つ。㈣うそをいわない。㈤酒を飲まない。㈥高座に坐ったり、快よい床に寝たりしない。㈦からだに香をつけたり装身具を用いない。㈧正午すぎに食事をしない。の八つをいう。

忍辱 仏となるために菩薩が修する六つの行

(六波羅蜜《ろくはらみつ》)の第三番目で、耐え忍ぶこと。

三密　身密・語密・意密のことで、衆生の身・口・意の行為を仏の身・口・意の三業にかなわせ、仏と一体になる行をいう。真言宗で行なわれる行である。

一乗　ここでは天台宗の止観の行をいう。(一六三頁止観は法華の註参照)

二〇四　**法照禅師**　中国唐代の人。『五会法事讃』を著わす。世に善導の後身(生まれかわり)と称される。

二〇五　**経**　道綽の『安楽集』には『須弥四域経』として引用してあるが、この経は現存しておらず、不明。

二〇六　**若不生者の誓い**　『大経』に説く阿弥陀仏の四十八願の中の第十八願をいう。すなわち十方の衆生が私(阿弥陀仏)を信じても、もし浄土に往生しなかったならば、私は仏とはならないと誓われた願である。

二〇八　**一乗大智海**　すべての者を仏の悟りに至らせる大いなるすぐれた智慧の海。

二〇九　**周利盤特**　仏弟子の一人。生まれつき愚鈍であったが、ついに後に小乗仏教の最高のさとり(阿羅漢果)をひらいたとされる。

慈愍三蔵　六八〇—七四八。唐代の人。名は慧日。慈愍流の浄土教の祖。『浄土慈悲集』『浄土文記』等を著わす。

二一一　**十善戒**　十善行と同じ。(七四頁十善行註参照)

小乗の具足衆戒　比丘の二百五十戒、比丘尼の三百四十八戒のこと。

三千の威儀　比丘の二百五十戒を、行・住・座・臥の四威儀にかけて千の威儀とし、さらに過去・現在・未来の三世にかけて三千の威儀とする。

六万の斎行　上に述べてきた五戒ないし三千の威儀等を総称して六万の斎行と言ったもの。

梵網の五十八戒　『梵網経』巻下に説かれた十重禁戒と四十八軽戒の両戒を合わせたもの。

大乗一心金剛法戒　『梵網経』の五十八戒を『法華経』の妙旨によって行なう戒。本具の一心を戒体とし、一度うけて永く失わないから、金剛戒という。

三聚浄戒　摂律儀戒(止悪)・摂善法戒(修善)・摂衆生戒(利生)の三種。

大乗の具足戒　大乗の制戒を具備して捨てないことをいう。

戒品　戒律のこと。

十悪　（五三頁註参照）

二一五　**随心供物**　意のままに仏を供養すること。極楽に生まれてうける十楽の一つに随心供物楽がある。

百法明門　菩薩が初地において得る法門。さまざまのことに通じる智慧の門戸。

二二〇　**恒河**　ガンジス河のこと。

二二一　**薬師本願経**　この経に「薬師如来の名号を聞けば、臨終に八菩薩が阿弥陀仏の極楽世界に案内するとある。

散乱増　心を散り乱れさせる煩悩が強いこと。

睡眠増　ねむりを好む煩悩が強いこと。

二二九　**非権非実の理**　現象と本体とがまどかにとけあって、中道の理にかなっていること。

二三三　**陰陽師**　占いや、はらいをする者。

二三四　**有漏・無漏**　漏とは煩悩のこと、有漏とは煩悩の有ること、無漏とは滅し尽したこと。

弥陀如来名号徳

二四一　**七百五倶胝**　倶胝は数の単位で、千万とも億・京ともいわれる。

二四三　**三千大千世界**　須弥山を中心とする、九つの山、八つの海からなる世界を千個あつめたのを小千世界、小千世界を千個あつめたのを中千世界、中千世界を千個あつめたのを大千世界とし、大千世界を三千大千世界ともいう。

鉄囲山　仏教でいう世界の外周をとりまく、鉄でできた山。

須弥山　古代インドの世界観で世界の中心にあるとされた山。

第六天　迷いの世界の中の欲界（貪欲・婬欲・睡眠欲のある世界）における最高の天界。

色界の初禅　色界とは、きよらかですぐれた物質からなる世界で、欲界の上方にあるとされ、初禅天から第四禅天がある。

真継伸彦（まつぎ　のぶひこ）

1932年京都市生まれ。京都大学文学部独文科卒業後、校正アルバイト、専修大学図書館勤務、青山学院大学ドイツ語講師などをしながら同人誌活動。1963年、歴史小説『鮫』で文藝賞を受賞。執筆活動を続けながら芝浦工業大学、桃山学院大学勤務を経て、姫路獨協大学外国語学部教授。2016年８月逝去。

著書　『鮫』（河出書房新社1964）、『光る聲』（河出書房新社1966）、『無明』（河出書房新社1970）、『日本の古典 第12巻 親鸞・道元・日蓮』（共訳、河出書房新社1973）、『林檎の下の顔』（筑摩書房1974）、『親鸞』（朝日評伝選、朝日新聞1975）、『闇に向う精神』（構想社1977）、『私の蓮如』（筑摩書房1981）、『青空』（毎日新聞社1983）、『心の三つの泉 シャーマニズム・禅仏教・親鸞浄土教』（河出書房新社1989）など多数。仏教への関心も深く信仰の問題を追求した作品が多い。

新装版　現代語訳 親鸞全集３　宗義・註釈

一九八二年　一二月二八日　初　版第一刷発行
二〇二三年　六　月二五日　新装版第一刷発行

訳　者　真継伸彦
発行者　西村明高
発行所　株式会社　法藏館
京都市下京区正面通烏丸東入
郵便番号　六〇〇－八一五三
電話　〇七五－三四三－〇〇三〇（編集）
〇七五－三四三－五六五六（営業）

装幀　山崎　登
印刷・製本　亜細亜印刷株式会社

ISBN 978-4-8318-6596-0 C3015

新装版シリーズ

現代語訳　親鸞全集1　教行信証　上　真継伸彦訳　二、二〇〇円
現代語訳　親鸞全集2　教行信証　下　真継伸彦訳　二、二〇〇円
観経疏に学ぶ　玄義分1　廣瀬杲著　二、五〇〇円
観経疏に学ぶ　玄義分2　廣瀬杲著　二、二〇〇円
観経疏に学ぶ　序分義1　廣瀬杲著　二、八〇〇円
観経疏に学ぶ　序分義2　廣瀬杲著　二、八〇〇円
晩年の親鸞　細川巌著　一、五〇〇円
唯信鈔文意を読む　信は人に就く　細川巌著　二、三〇〇円

価格は税別

法藏館